子どもが賢くなる75の方法

久野泰可
幼児教育実践研究所
「こぐま会」代表

幻冬舎

はじめに

小学校に入学する前の幼児に対する教育と聞いて、皆さんは何を想像するでしょうか。おそらく、多くの人が有名私立小学校に入学するための「お受験」対応と思うかもしれません。だから小学校受験をしない子どもは関係ない、と…。

私は40年以上幼児教育に携わってきました。幼児教室「こぐま会」を創設してから、もうすぐ30年になります。

その中で一貫して思うのは、幼児教育とは小学校に入学してから始まる「教科学習」の前に行うべき「教科前基礎教育《きょうかぜんきそきょういく》」であるということ、そしてそれはテキストやペーパー上の学習よりも、具体的な物への働きかけを重視する「事物教育《じぶつきょういく》」であるということです。

また、言葉を獲得していく幼児期に、言葉を通して自分の考えや気持ちを相手に伝えていく「対話教育《たいわきょういく》」を提唱して参りました。

これらを取り入れた「こぐま会」で学んだ子ども達の多くが、難関私立小学校への合格を果たしています。そのため、「こぐま会」で指導している内容はお受験対策と思われている方もいるかもしれません。

しかし、幼児教育は「お受験」のためだけに行うものではありません。小学校に入学してから勉強でつまずかないための基礎を作るものであり、なにより子どもたちに「自ら考え、自ら行動する力」を与えるものです。

本書では「こぐま会」で指導している内容を、多くのご家庭で取り入れられるように、より具体的な方法でお伝えしています。

私達が目指す幼児教育は、特別な方法や教具を必要とするものばかりではありません。

家族のちょっとした働きかけが、日常生活を教育の場に変えてくれるのです。

多くの子ども達と親御さんが、本書をきっかけに、学ぶことの楽しさを知っていただけたらと願っています。

第1章 「幼児教育」と親の不安

第2章

幼児期に大切な「基礎教育」とは

第3章

遊びの中から学ばせる

第4章 ステップごとに理解が深まる75の教育

第5章 幼児教育は家族一丸となって

第 1 章

「幼児教育」と親の不安

「机に向かってお勉強」を強要される小学校

――小1プロブレム

新聞や雑誌などでも話題になった「小1プロブレム」をご存じでしょうか。小学校に入学したばかりの子どもが、授業中にふらふらと立ち歩いたり、教室を勝手に出て行くなどして授業が進まない状態が、多くの小学校で問題となりました。学校内だけでなく、集団行動がうまく取れないため、課外活動にもトラブルが起きる例が増えているといいます。

それは小学校に入学したばかりで落ち着かず、先生の指示に従うことに慣れていないせい…というだけではありません。外で遊ぶ経験が減っていること、友達関係が希薄になり、人の気持ちを推し量って行動する習慣が育っていないこと、そして家庭での子育て方法など、さまざまな原因が考えられます。

しかし、こうした理由よりも子ども達の成長に大きく影響を及ぼしているのは、幼稚園や保育園で何を学んできたか、ということがあるのではないでしょうか。

一部を除いて、幼稚園や保育園での活動の主体は、「楽しく過ごす」ことです。「勉強は小学校に上がってからでいい。幼児期は楽しくのびのびと過ごすことが大切」という多くの幼稚園や保育園が掲げる目標は素晴らしいものです。

しかし、子どもにしてみれば、幼稚園や保育園を卒園して1か月もしないうちに、「机に向かってお勉強」を強要されてしまうのです。これに対応できない子どもが起こす問題行動、それが「小1プロブレム」の正体といえます。

「幼児教育」というと、「少しでも早いうちから読み書き計算など、教科学習を始める」ことだと思っている人が少なくありません。しかし、**「読み書き計算」など〝教科〟の学習は、幼児期の子どもにとっては「まだ早い」**のです。

小学校に上がったらスムーズに教科の学習に入れるよう、幼児期から遊びを通して〝始まりの教育〟や〝集団トレーニング〟をすることが、小1プロブレムを起こさず、また「勉強っておもしろい！」と思える子どもが育つ秘訣なのです。

大切なのは友達とのコミュニケーション

小さなボールをたくさん集めて袋に入れたり、大小さまざまなカップで水を汲んだりと、大人から見たら「何がおもしろいんだろう」と思うようなことに熱心に取り組んで遊ぶのが幼児期の特徴です。

こうしたさまざまな遊びから、子どもは多くのことを学んでいきます。そして、小学校に上がって勉強を始めたとき、遊びで経験したことがつながって、教科書に書いてあることがすんなりと理解できるようになるのです。

本に書いてあることではなく、経験からさまざまなことを学ぶ幼児期で、もっとも大きな経験は「友達との関わり合い」といえます。

けんかにならず、みんなが楽しく遊ぶためにはどうすればいいのか。

自分がやりたいことを通すとき、どんな言い方をしたら納得してもらえるのか。

みんなで同じ遊びをするためには、おもちゃをどんなふうに使えばいいのか。友達を泣かせてしまったとき、どうすればいいのか。

このように、遊んでいるときに起きるさまざまな出来事から、子どもは「人間関係」を学んでいきます。その中で磨かれるのが「コミュニケーション能力」です。これは、親との遊びで得るのは難しいと言わざるを得ません。なぜなら親は基本的に子どもの要求に応えてしまうため、「相手も楽しく遊ぶためにどうすればいいか」を考える必要がさほどありません。

コミュニケーション能力を育むことは、「相手の立場に立って考える習慣を身につける」こと。これは、すべての勉強に役立つ「視点を変えて考える」ことにつながります。「別の角度から見たらどうか」と柔軟に頭を切り替えられることは、子どもの能力を大きく伸ばします。

「頭のいい子に育てたい」と願うなら、幼児期からさまざまな教材を与える前に、まず**友達とたくさん遊ばせて、多くの経験をさせてコミュニケーション能力を磨いていくこと**がとても大切なのです。

言葉は経験から得るもの

コミュニケーションの基本は、言うまでもなく「言葉」です。多くの大人は言葉に対して「いつの間にか、自然に覚えていくもの」と思っていて、「子どもが言葉を獲得すること」についてあまり深く考えていないのではないでしょうか。

子どもは1歳半くらいから急速に言葉を獲得し始めます。この時期の子どもは、さまざまな経験を通じて言葉を覚え、少しずつ使いこなすようになります。

このとき重要なのは、「子どもがどんな経験をして、どんな言葉を獲得していくか」に尽きます。

今、子どもの耳にはさまざまな「言葉」が飛び込んできます。その多くは、残念ながら実際にその場にいる人が発するものではなく、テレビやDVDなどのメディアではないでしょうか。その結果、幼いのに大人びた言葉づかいをしたり、難しい言葉を知っている子どもに会うことがあります。

しかし、たとえば「川」という言葉も、実際に川に入って流れに足を取られないよう踏ん張った経験や、葉っぱなどを流してその速さに驚いたことがある子どもと、川の実体験をしたことのない子どもでは、言葉からくるイメージに大きな違いがあります。

あるいは、親が早朝出勤や深夜帰宅などで「いってらっしゃい」「おかえりなさい」を言う機会がない子どもは、「おかえり」と言いながら家に帰ってくるなど、言葉の使い方を間違えている例がよく見られます。

このように、**「単に言葉を知っている」ことよりも、「どんなときに使うのか」「その言葉が表現しているのはどのようなことか」を、さまざまな体験を通して身につけ、**使いこなせるようになることが、幼児期はとても重要です。

そのためには、日常生活でさまざまな場面を経験して言葉を使うだけでなく、できるだけさまざまな場所に行き、普段ではできない体験をさせることが、生き生きとした言葉を使いこなせるようになるために欠かせないのです。

我が子を他人と比べない

「他人と比べない」とは、よく言われることです。しかし、本当に実践できている人はどれほどいるでしょうか。特に、子どものこととなると他人と比べずにいられない方が相当数いるのは、私も日々実感しています。

親は我が子を見るとき、他の子どもを見るよりも厳しくなってしまいがちです。我が子のいいところよりも悪いところが目につき、気になってしまうのは、「我が子がもっとよくなってほしい」という親心の表れです。「どんな子にも探せば得意なことがある」ことを、我が子に限って忘れやすいのです。

特に幼児期は生まれ月によって成長に驚くほどの差があります。それなら親としても納得しやすいのでしょうが、「ほぼ同じ時期に生まれているのに、あの子はできるのにうちの子はまだできない」ということも、ごく当たり前にあるのです。ところが、親としては「我が子が劣っている」証拠のように思え、不安でいっぱいになってしまうのです。特に幼児期は、「あの子はもう字が読める」「10までの計算ができる」など、我が子ができないことを簡単にできる子どもが現れる時期であり、「あの子に追いつかなければ」と焦って、無理な勉強を始めるきっかけになりがちです。

改めて言うまでもありませんが、**子どもの発達には個人差があります。**歩き始めるのが早かった子がいるように、文字に興味を持ち、読み書きができるのが早い子どももいます。

しかし、読み書きや数を覚えるのが早かったことが、その後「頭のいい子」に育つことを保証してくれるわけではありません。

その子なりの時期がくれば、子どもは必ず身につけていきます。

他人に基準を求めるのではなく、その子自身の育ちぶりを基準にし、比べることなく成長を見守ることが大切です。

いじめを引き起こさない子に

子どもの年齢に関わらず親が心配することに「いじめ」の問題があります。授業中にも関わらず子どもが立ち歩いたり騒いだりする「小1プロブレム」が問題になっていたのは前述の通りですが、「周囲の迷惑を考えることができない、決まりを守ることが理解できない」という子どもは、得てして「いじめ」の問題も引き起こしがちです。

子どもが何歳であろうと、「いじめ」を心配する親は数多くいます。しかし、その不安の内容は子どもの年齢によって異なります。

子どもがある程度の年齢になると「いじめられないか」と被害者になることに対する不安を持つ親が多いのに対し、幼児期から小学校低学年にかけての幼い時期は、我が子が被害者になること以上に、「いじめ」の加害者になることを心配する親が多くいるのです。

幼い時期に善悪の判断が未熟な子どもはたくさんいます。「いじめる」という気持ちがなくても、自分のやりたいことを通したり、欲しいものを手に入れるため、結果的に友達に対して乱暴になったり、相手の気持ちを顧みない行動をしてしまうのは、決して珍しいことではありません。**コミュニケーション能力の未熟さや、「相手の立場を考える」習慣がないことが引き起こしてしまう**といえるでしょう。

とはいえ、まだ幼いから仕方ないと済ませてよい話でもありません。できるだけ友達と遊ぶ機会を増やし、時にはぶつかり合い、泣いたり、泣かせたりをくり返しながら人とのコミュニケーションを学んでいくことが、遠回りのように見えても我が子を「いじめっ子」にしない方法なのです。

「頭がよい」は「生きていく力」

いつの時代も、親は我が子に「頭のよい子に育ってほしい」と願っていることでしょう。しかし、ひとくちに「頭がよい」といっても、祖父母の時代や親世代の時代と今では、その価値観は大きく違っているように思えます。

祖父母の時代、「頭がよい」と「大学卒」はほぼ同義語だったといえます。それが親世代になると、大学を卒業していることはもはや珍しくなくなり、「有名大学の出身」であるかどうかがその人の頭のよさを知るための判断材料になっているという面がありました。

しかし、少子化が進み、大学全入時代になった今では「有名大学を出ているかどうか」とか、「偏差値の高い中高の生徒かどうか」など、学校のレベルで頭の良し悪しを判断することは少なくなったのではないでしょうか。それよりも、どんな場面でも臨機応変に対応できる柔軟性、予想外の出来事に際しても瞬時に最適な方法を選択できる判断力、そして周囲の人と協力し合って最大の結果を出すことができる協調性があることで、「頭がよい」とされるようになってきたように思えます。

たとえ**勉強ができて試験でいい成績を修めたり、高い偏差値を得ることができても、柔軟性や判断力、協調性がなければ社会の役に立つのは難しい**ことが想像できます。その意味で、こうした力は「生きていく力」といえるのではないでしょうか。学歴や成績だけではなく、生きていく力で評価されるのはとてもよい傾向です。

そして、こうした「生きていく力」は小学校に上がる前の幼児期から、日常生活や遊びなどの体験を通して育まれていくものです。

「頭のよい子になってほしい」と願うなら、幼い頃からさまざまな経験をさせることがとても重要なのです。

女の子はどう育てるか

かつて、「女の子はいずれ結婚するのだから、進路について思い悩む必要はない」という価値観が一般的だった時代がありました。高等教育を受けるより「花嫁修業」と呼ばれた料理や裁縫の腕を磨くほうが大切とされ、たとえ就職しても結婚するまでの「腰かけ」。仕事の内容も男性社員のサポート役ができればいいほうで、お茶汲みやコピーを取るなどの単純作業ばかり…。就職の機会も男性に比べれば少なく、キャリアを積みたいと願う女性に対してその道が開かれるのは、昭和47年に制定された男女雇用機会均等法まで待たなければなりませんでした。

今でも「女性の幸せはキャリアを積むことではなく幸せな結婚」という価値観を持つ人もいます。その一方で、企業に就職して世界を相手に仕事をしたいという志望を持つ女性や、自分のやりたいことを見つけて技術を磨くことを目指す女性もいます。もしかすると、今の時代は女性のほうが将来の選択肢が広いとさえいえるのかもしれません。

女の子を子どもに持つ方は、祖父母や周囲の人達から「女の子なんだから…」という言葉を多く聞かされることがあるかもしれません。それにストレスを感じることもあるでしょう。女の子の将来が多様化しすぎて、迷うこともあるかもしれません。子どもは成長するにつれ得意なこと、苦手なことができてくるものですし、将来に対する夢も、成長と共に持つようになります。

幼児のうちは子どもがどんなことに興味を持つかをよく観察し、夢中になれることを見つけてやり、**好奇心をより伸ばしてやる…このことに、もはや男の子と女の子の差はありません**。男の子が好むことに夢中になる女の子もいるし、その逆もあります。一生懸命取り組んでも、将来的に女の子に対しては道が閉ざされてしまうこともありますが、そう多くはありません。

選択肢が増えれば迷うことも多くなるものです。しかし、なにより子どもが何が好きなのかを見て、その興味を思い切り伸ばすよう導いてほしいと思います。

親が頼る「幼児教育」

――通信教育・高価な教材・最新の教材

成長するにつれ、子どもは少しずつできることが増えていきます。そのひとつひとつに喜び、「もしかしたら才能があるのかもしれない」と期待を寄せるのが、親というものでしょう。

こうした成長の過程で、「幼いうちから我が子の力を伸ばしたい」「賢い子になってほしい」という気持ちが強くなっていくのは、ごく当たり前のことです。

では、どうすれば子どもの力を伸ばし、賢くすることができるのでしょうか。残念ながらこの答えを知っている方は少数です。

我が子を賢くする方法がわからない方が頼りにするのが、さまざまな「幼児教育（または早期教育）」です。特に塾や教室ではなく自宅で効果的な教育ができるという触れ込みの通信教育や、遊びながら勉強になる教材、ゲームなど、巷《ちまた》にはさまざまな「教育法」があふれています。

では、これらの方法は本当に効果があるのでしょうか。

●通信教育

毎月届く幼児用の通信教材を取り入れている家庭は多いことでしょう。絵本や知育玩具やDVDなど、幼児の興味を引きつける魅力と工夫に満ちています。幼児期だけでなく小学校、中学校、高校と継続していくものも多く、うまく使えば大きな教育効果が得られそうに思えます。しかし、当たり前のことながら、それは「うまく使えば」のこと。親子で取り組むようすすめられている課題は手をつけず、DVDやおもちゃばかり使っている、という家庭も多いと聞きます。確かに家事などで手が離せないときに、子どもが1人で何かに熱中してくれるのはありがたいことでしょう。しかし、**本来なら親子で会話をしながら取り組むものを、子どもが1人で幼児番組と同じように見ているの**では、あまり意味があるとはいえません。子どもが飽きてしまってそれきり、というのもうなずけます。

●高価な教材

「聞くだけ・見るだけで○○がマスターできる」という幼児教材は昔から数多くあります。中でもよく知られているのは、「くり返し聞くことで自然に正しい発音や言い回しをマスターできる」という英会話教材ではないでしょうか。

こうした教材は得てして何十本というセットになっており、何十万円もする高価な教材も珍しくありません。これで値段に見合った効果があれば言うことはないのですが、そううまくいかないのが現実のようです。

「家庭で簡単にできる」と謳われる教材の多くは、たとえ少しずつでも毎日使い続けることをすすめています。しかし、その通りにできるのは残念ながらごく一部。やがてほこりをかぶり、どこかにしまいこまれてしまいます。

「毎日少しずつでも勉強する」ことができれば苦労はありません。**教材に取り組む前に、一緒に絵本を読んだり遊んだりするほうが教育効果が高い**ということを、もっと多くの方に知っていただきたいと思います。

●最新の教材――タブレット

パソコンや携帯ゲーム機器を使った幼児向けの教材は今までもたくさんありましたが、最近はその主流がタブレット端末に移ってきたようです。飽きっぽい子どもが夢中になって取り組む姿を見たり、親以上に機能を使いこなしている姿を見ると、これからの時代に不可欠な、最新鋭の教材と思ってしまうかもしれません。

確かにコンピュータを使った教育には未知の可能性があります。しかし、**驚くような経験ができたとしても、それはしょせん仮想のものにすぎません。**たとえば、タブレット上にある地図をタッチすれば、そこに住む動物や魚がたちどころに現れる図鑑があり、そこで何百もの動物や魚の名前を覚えたとしても、川に入って捕まえた小魚の色や動きを見て感じた驚きに勝るものはありません。それは「2つの色を混ぜる」「箱を分解してみる」という単純な経験でも同じこと。

実体験を通して子どもは学び、賢くなっていくことを、親は忘れてはならないのです。

「賢さ」のベースになるもの①
——自立

子育ての最終目標、それは将来子どもがきちんと自立して生きていくことです。人に迷惑をかけることなく、社会の役に立つような人物になることは、1人の自立した人間であることが大前提といえます。

1人では食事さえできない乳児期や何かにつけて親を頼り、甘えてくる幼児期は「自立」から遠い存在といえます。年齢によってはできることもかぎられているため、片時も目が離せずつきっきりで世話を焼いているという家庭も少なくありません。1人でできることが少ない上、親を頼ってくるこの時期は、思い切り甘えさせてやりたいという親心はよく理解できます。しかし、**子どもが甘えたいと思う気持ちを受け止めるのと、甘やかすのではまったく意味が違います。**

たとえば外出するとき、玄関で子どもが靴を履くのに手間取っていたとします。こんなとき、さっと履かせて靴ひもをきちんと結んであげてはいないでしょうか。しかも、「自分でやるの！」と言っているのに、「時間がないから」「今だけは」などと理由をつけながらやってしまう方が多いように思えます。

子どもが誰かの力を借りず、自分で何かをしようとしているとき、頭はフルに回転しています。どうすれば上手にやり遂げることができるかを一生懸命考え、ちょっと手こずっても踏ん張り、たとえ失敗してももう一度挑戦する…。**「自分でやろう」と思ったとき、子どもの頭は大いに発達します。**これこそが、子どもが賢くなる瞬間なのです。「ちょっと貸してごらんなさい」「やってあげる」と手を出してしまうのは、子どもが自ら賢くなるチャンスを奪い取っているようなもの。決してやってはなりません。

もし途中で投げ出しそうになったり、「ママやって〜」と泣きついてきたとしても、「もう一回がんばってみようか！」と励ましてあげてください。そして、見事やり遂げたときは、思い切りほめてあげてください。その積み重ねで子どもは自信を持ち、どんどん賢くなっていくのです。

「賢さ」のベースになるもの②

——問題解決力

平穏な毎日を過ごしていても、何かしら〝困りごと〟に出合うものです。たとえば料理をしているとき、使おうと思っていた材料や調味料がなかったとします。この小さな危機を乗り越えるには、さまざまな方法があることでしょう。急いで買いに行くのもいいし、別のもので代用するのもいい。または献立を替えてしまうという方法もあります。このように何か問題が起きたとき「どうすれば解決できるか」を考えることは、頭を鍛えてくれるものです。

もちろん、子どもも同様です。

お絵描きをしていたら、使いたいクレヨンがなかった。セットになっていたおもちゃが1つなくなっていた。一緒に遊ぼうと思っていたお友達が出かけてしまっていなかった…。いかがでしょう。いくつかお子さんに起きた出来事もあったのではないでしょうか。

子どもが幼いうちは、思い通りにならないとき、かんしゃくを起こしがちです。しかし、それが許されるのは年少組くらいまで。ある程度大きくなったら、少しずつ「では、どうしようか」と考える習慣を身につけていきたいものです。

もちろん、最初からうまくいくわけではありませんから、最初のうちは親が「じゃあ、こうしてみない？」と導いてやることが必要です。そして、うまくいったときは大いに喜んであげてください。すると、「問題が起きたとき、他の方法を考えて、それがうまくいったときは嬉しい」と、達成の喜びを味わうようになります。こうした体験を積み重ねることで、**「何か問題が起きても、一生懸命考えれば解決の方法が見つかる」という自信が持てる**ようになります。

どんな問題が起きようとも、方法を考えて解決に導ける力は、数々の試練で諦めずに取り組む力の源です。ちょっと面倒だと思うと「もういいや」と投げ出したくなるのは、大人も子どもも同じです。だからこそ、「どうすればいいか」を考える力が重要なのです。

「賢さ」のベースになるもの③

——試行錯誤と作業能力

　何か困難なことに出合ったとき、どうすれば回避できるのかを考え、クリアする力を「問題解決力《もんだいかいけつりょく》」と名づけました。では、どうすれば問題解決力は身につくのでしょうか。

　大人でも同様ですが、問題をなんとか解決しようとしたとき、すぐに正解にたどり着けるとは限りません。解決法をひらめいたとしても、実際に試したところ想像通りにいかず、失敗に終わってしまうことはよくあることです。

　こうしたとき、すぐに諦めてしまうのは、問題に出合ったときに「これでは仕方ない」と放り出してしまうことと、あまり差がありません。最初に試した方法がうまくいかなくても、「では、こうしたらどうだろう」と次の方法を考え、試してみるという具合に、少しずつ改良を加えながら新しい方法を思いつき、試すことは、頭を活性化させます。それだけでなく、難問に取り組むときに欠かせない集中力と根気強さをも養ってくれるのです。

このように「試行錯誤《しこうさくご》」をくり返すことができる子どもは、賢くなり、勉強もできるようになる可能性がとても高いといえます。

最初とは違った方法を考え、試してみることが「試行錯誤」ですが、どのように作業を進めればよいかを考え、自分が思いついた作業を実際に進めることができる**手先の器用さや、作業の段取りを考える計画性も重要**です。

これらの力は、特別なことをするというよりも毎日の遊びの中で身につけることができます。たとえば積み木で遊んでいるとき、真剣な表情で作っては壊しをくり返していることがあるでしょう。そんなとき、子どもは自分の中で「作りたいものの完成図」ができ上がっていて、なんとかしてそれを現実に作ろうと試行錯誤をくり返しているのです。そんな姿を目にしたら、口出しは不要です。黙って見守ってあげてください。真剣に考える姿こそ、賢くなっている姿なのですから。

「賢さ」のベースになるもの④

——視点を変える柔軟性

ここまで「賢いとはどういうことか」について考えてきました。

特に親は子どもが学校のテストでよい点数を取ってくることや、よい成績を修めること、受験に成功してよい学校に入れることを期待しがちです。

しかし、勉強がよくできて常にトップクラスの成績を修めることが「賢さ」ではありません。

ここまで述べてきたように、「賢さ」とは日常的なものです。さまざまな問題を自分で考えて解決していくこと、つまずいても諦めずに解決の道を探せること、試行錯誤をくり返せること。これらの積み重ねが頭をよく刺激し、賢さへと導いてくれるのです。

そして、もう1つ大切なことがあります。それは、**臨機応変に視点を変えられ**

る柔軟性があることに他なりません。

何かに取り組んでいるとき、一生懸命になればなるほど1つの見方しかできなくなることがあります。ちょっと視点を変えればすんなりと解決できるのに、自分が思いついた方法に固執することで他が見えなくなってしまうのです。

これは学習面だけの問題ではありません。人間関係でも起こりがちなことです。たとえば1つしかないおもちゃで遊んでいるとき、お友達の立場になって考え、ある程度遊んだら代わってあげるという、小さな心遣いも「視点を変える」訓練になりますし、賢さのベースとなる「柔軟性」を育んでくれます。これは小学校に上がったとき、「小1プロブレム」を起こさない力作りにも役立つことでしょう。

特に幼児期は、遊びを通して「同じものでも、別の角度から見ると形も大きささも違って見える」という経験をたくさん積むことをおすすめします。こうしたことで、**「ものの見方は1つではない」「自分と違う場所からは、違う風景が見えている」ことを学び、人への接し方も学んでいくのです。**

コラム❶

比較の言葉

「大きい」は万能選手？

言葉を覚えている真っ最中の子どもにとって難敵は「比較の言葉」です。「大きい」に対しては「小さい」、「重い」に対しては「軽い」、「長い」に対しては「短い」と、対になる言葉を必ずセットで覚えることが大切です。

しかし、幼児期の子どもは長いひもを見ても、広いグランドを見ても、「大きい」で片付けてしまいがちです。なかには「長い」に対して「小さい」と言ってしまう子どももいます。

言葉は幼稚園や保育園、学校で学ぶのではなく、毎日の生活を通して自然に身についていくもの。とりわけ重要なのが家庭です。小さな子どもがいる家庭では、できるだけ正しい表現をすることが子どもの知能を伸ばすためにとても重要です。

特に比較の言葉は、調理など家事を通して使うことが多いので、親自身がきちんとした言葉づかいをし、意識的に「比較の言葉」を多用するように心がけましょう。

第2章

幼児期に大切な「基礎教育」とは

幼児期と児童期をつなぐ教育を
——幼小一貫教育

最近「幼小一貫教育《ようしょういっかんきょういく》」が注目されるようになってきました。

集団生活のルールを教えるだけでなく、小学校に入学してから始まる学習の基礎をつけるという目標でカリキュラムの充実をはかる幼稚園・保育園が増えています。

前述の通り「小1プロブレム」は学習に不慣れな子どもが原因となることが多いので、幼児のうちから勉強を始めることはよいことです。しかし、その内容はというと、残念ながら模索中といった園が多いのが現実ではないでしょうか。

具体的には、外国人教師を招いての英会話授業や、専門家を招いての漢字教室や算数教室など、さまざまな園で新しい試みがなされています。また、文字や数の学習など、「小学1年生で学ぶことを前倒しに行う」という学習をしている園も、全国各地にあります。

これらの学習には一定の効果があることでしょう。ただ、「授業」を行っている園とそうでない園が混在しているため、小学校に上がったときに「園で教わったことを、もう一度」ということになる可能性がとても大きいのが問題です。園で授業を受けてきた子どもにとっては退屈な時間になってしまい、「小1プロブレム」の原因となりかねません。

さまざまなカリキュラムがある中で、見落とされていると思われるのは**園での生活を土台にした「基礎教育」です**。「数」の教育、「図形」「言語」の教育など、幼児の身の回りにあるもので興味を引きつけ、生活に根ざした教育を行うことが、小学校から始まる「学習」の基礎になることはいうまでもありません。

そして、幼稚園・保育園と小学校が連携を取り、**幼稚園・保育園で学んだ基礎教育を小学校での学習を通じて定着させること**が、子どもの知能を高め、学ぶ力を引き出すのです。それこそが、すべての子どもに必要な「幼小一貫教育」です。できるだけ多くの子ども達に実践させてほしいと願ってやみません。

「読み・書き・計算は早いほどいい」の危険

――教科前基礎教育

「勉強を始めるのは、早ければ早いほどよい。そのほうが頭のいい子になる」という考えは、昔からありました。

しかし、子どもの発育には段階があり、早いうちに始めたからといって急激に伸びるものではありません。たとえば文字を3歳のときに教えてもなかなか覚えられないのに、5歳になったら特にがんばらなくてもすっと覚えてしまうものです。**「早期教育」にとらわれてしまうと、しなくてもいい苦労を子どもに強いること**になり、ストレスを与えることになりかねません。

読み書きや計算は、国語・算数といった「教科学習」であり、小学生になったときに始めるのがちょうどいい教育です。**幼児期に必要なのは、教科学習の前に身につけるべき基礎教育**です。

私はこれを「教科前基礎教育《きょうかぜんきそきょういく》」と呼んでいます。

教科前基礎教育とは、簡単にいえば教科書とノートを使う前の教育。何もないのにどうやって勉強できるのかと心配になるかもしれませんが、子どもが生活の中で接しているものや事柄から、「言語」「数」「図形」など、さまざまなことが学べるのです。しかも、遊びや毎日の習慣を通して学べるため、親も子も余計なストレスになることはないといっていいでしょう。

教科前基礎教育で楽しみながら基礎教育を重ねることで、子どもの「考える力」が大きく発達するだけでなく、小学校で行われる教科学習にスムーズに入っていけるのです。

「勉強」というと親も子も身構えてしまいます。日々の生活や習慣、遊びをさりげなく勉強にしてしまうためには、何より親の働きかけが重要になってきます。

第4章で具体的な方法を詳しく説明しますが、子どもが積極的に、楽しく取り組めることが重要なのはいうまでもありません。

ペーパー学習の前に実物を使った教育を
――事物教育

「子どもの知育は小学校からではなく、幼児期から基礎教育を始めることが重要。幼児期に積み重ねた知育が、小学校に入ってから理解力の差を生み出すことになる」。これは、幼児教育に長年携わってきた私が確信していることです。

では、幼児期に必要な基礎教育とは、どのようなものでしょう。

多くの人は「子どもに勉強をさせる」というと、すぐに参考書や問題集、ドリルなどを思い浮かべるようです。しかし、まだ文字も上手に書けない子どもにペーパー学習は必要でしょうか。もちろん、子ども自身が遊び感覚で楽しく取り組むことができるのなら問題はありません。そうではなく、あまり乗り気でない子どもにまで鉛筆を持たせる必要はないと考えるのです。

よくできた問題でも、ペーパーに書いてあるものは本物ではありません。

「ボールが5個ありました。そのうち2個がなくなりました。いくつ残ってますか？」といっても、そこにあるのは絵に描いたボールです。子どもは頭の中でボールを動かしながら、問題に取り組まなければなりません。これが、幼児期の子どもにとって難しいため、簡単な問題でも手間取ってしまうことがよくあります。これでは勉強に対して苦手意識を持ってしまいかねません。

こうした事態を避け、スムーズに理解させるためにも、**幼児の教育には現実にある「もの」を使うことが欠かせません**。「鉛筆が3本ありました。また2本買ってきました。全部でいくつになりましたか？」という問題を解くなら、実際に鉛筆を使えばいいし、「コップの水」の問題なら、実際にコップを使えばいい。

こうした教育方法を、私は「事物教育《じぶつきょういく》」と名づけました。

実際にあるものを触り、動かし、どう変化するのかを体験すること。そのステップを踏んで初めて子どもは理解できるのです。そして、事物を通して理解が得られれば、ペーパーの上でも解けるようになります。まずは**「見て・触れて・働きかける」ことから始めること**が重要です。

早期英語教育のワナ

多くの人が「早ければ早いほどいい」と思っている幼児教育に、英語がありま す。前の項でもご紹介しましたが、外国人講師を招いて英会話のカリキュラムを取り入れている幼稚園はもはや珍しくありませんし、なかには妊娠中からお腹の赤ちゃんに英語で話しかけるという胎教を実践している人もいると聞きます。

確かに発音に関しては早ければ早いほど身につきますし、幼い頃から英語を母国語とする人に指導を受けていた子どもは、日本人には難しい発音もできるようになります。まるで欧米人のような発音を身につけるためには、幼い頃から英語を学ばせたほうがいいのは、確かなことです。

しかし、幼い頃から英語を学ばせることで得られるものは、よい影響ばかりではありません。

幼児期は言葉を覚える大切な時期です。母国語は毎日の生活を通して自然に覚え、知能と共に発達し、年齢相応の言葉が使いこなせるようになります。しかし、**言葉を覚える時期に母国語以外の言葉が入ると混乱が起こり、母国語も外国語もうまく定着しない**といわれています。あまり知られていませんが、多くの帰国子女達は日本語がうまく使いこなせず苦労しているのです。

日本語がうまく使いこなせなくても英語が使いこなせるなら…と考える人もいるかもしれませんが、英語が母国語でない国に住みながら年齢や受ける教育、立場に応じて英語をステップアップさせていくのは至難の業ですし、そのときになっていざ日本語に戻しても、日本語の発達はかなり遅れてしまうことがよくあるのです。

日本語でも自分の考えを論理的に話せない、という深刻な状況にならないためにも、母国語である日本語が使いこなせるようになってから英語を学んだほうが、子どものためになるはずです。

実体験なくして基礎教育はあり得ない

幼児の教育に際して忘れてはいけないことに、「まずは体験させること」があります。

先にも述べましたが、川のことは、実際に川で遊ばなければわかりませんし、動物の写真だけ見てもその動物をわかったことにはなりません。幼児にとって世界は「見たことがないもの・触ったことのないもの」だらけです。ですから、幼児にとっての**勉強の第一歩は実物を見ること・触れることを通して「実物に働きかけること」**がとても大切です。

学習も同様です。「数」を学ばせるなら、実際におもちゃやおはじきなどを用意し、それを操作させながら、数の変化を捉えさせます。「言語」の学習も、実際に色々な人と話をすることが効果的です。

小学校の高学年にもなれば、ある程度の経験があるので、実際に見たり触れたりしなくても図鑑や教科書、参考書を見て知識を増やしていくことができます。

しかし、まだ幼いうちは紙に書いてある情報が実物と結びつかないことがあるということを、大人は見落としがちです。たとえば、ゾウと人間が一緒に写った写真を見れば「ゾウは人間より大きい」と覚えることができるかもしれません。

しかし、ゾウの圧倒的な大きさは、実際に近くで見ない限り実感することはできません。実体験を通して得た知識は、そのときの驚きや感動と共に忘れることなく、しっかりと定着します。それに対して紙や映像で見たものは、いつの間にか忘れてしまうものです。

大人が当たり前のことと見過ごしてしまうことも、幼児にとっては未知のものです。できるだけ多くのものと接し、触れたり話したりする体験を積むことが、幼児の知能を伸ばすことに大きな役割を果たすことを、忘れてはなりません。

幼児期に学ばせたい5つの領域

幼児期、子どもに必要なのは「知識」を詰め込み、テストでいい点数がとれるようになることではありません。必要なのは、ものの見方をしっかり身につけ、小学校に入ってから始まる「教科学習」を支える土台を作ることです。

そのために**必要な基礎教育として私は、「未測量《みそくりょう》」「位置表象《いちひょうしょう》」「数」「図形」「言語」の5つ**を考えました。これを「5領域《ごりょういき》」と呼んでいます。それぞれを簡単に説明しましょう。

未測量……「大きさ・多さ・長さ・重さ」などの「量」を土台にして数概念を学びます。幼児は㎝、gなど「単位」を理解するのが難しいため、生活の中で身近な「量」を使ってそれぞれを比べたり、大きい順に並べたりすることを通して、数概念の基礎を作ります。

位置表象……「上下・前後・左右」といった位置関係をとらえ、表現できるようにします。同時に、自分とは異なる場所・方向からのものの見え方を学習します。

数……「ものを正しく数える」ことから始め、数を比べたり等分したりなど、生活の中でよく行っていることを通して四則演算の基礎を身につけます。

図形……身近なものを通して基本的な図形の特徴をとらえ、形の見比べ、正確に描く練習、構成・分割を通して図形感覚を養います。

言語……人の話や絵本、紙芝居を正確に聞きとる力を養い、「読む・書く」の前提として「聞く・話す」力をつけ、言葉遊びを通して将来の言語学習の基礎を作ります。

5つの領域をバランスよく、子どもの発達段階に応じてステップを踏みながら学んでいくことが、子どもの力を最大限に伸ばしていきます。

5領域で得られる「10の力」

5領域は小学校から始まる教科教育の土台となる基礎教育であると同時に、「考える力」を身につけます。では、考える力とはどのようなものでしょう。それには次の10の柱があります。

●ものごとの特徴をつかみ、観察力を高める……ものごとを観察し、特徴をとらえて、共通点や差異点を発見する。

例…たくさんの絵の中から、同じ絵を探す。このとき、たとえば服の柄だけが違う、手の向きが違うなど、一見同じに見えるが1箇所だけ異なる絵を用意して、それぞれの違いを比べながら正しい1枚を選ぶ。

●**いくつかのものごとを比較する**……大きさを比較したり、「どちらがいくつ多いか」など数を比較する。

例…赤と青など色の異なるおはじきをそれぞれ違う数用意し、「どちらがいくつ多いか」、「違いはいくつか」などに答える。

●**ある観点に沿ってものごとを順序づける**……大きい順に並べたり、絵カードを時間的順序をふまえて並べてお話を作る。

例…大きさの違うボールや箱を5個用意して、大きい順に並べる。また、お話の場面を描いた4枚の絵を見て、お話が完成するよう正しい順番に並べる。

●**全体と部分の集合関係を把握する**……全体の数と、それを構成する部分の数について、その関係を考える。

例…公園に男の子が4人、女の子が6人いた場合、女の子全員にお菓子をあげるときと、子ども全員にお菓子をあげるときでは、どちらがいくつ多く用意しなければいけないかを考える。

●観点を変えてものごとを見る……1つの観点にとらわれず別の観点で考える。

例…机の上に置いたヤカンに対して、前・後・右・左と違う所から見たとき、その見え方の違いを絵に描いてみる。

●ものごとを相対的にとらえる……3つの違う大きさのものがあったとき、「BはAより大きいがCより小さい」など、ものごとを相対的にとらえる。

例…「お母さんは、あなたより大きいけれど、お父さんよりも小さい」など、身近な人やものの大きさを比べてみる。

●逆から考える……結果から原因を考えるなど、時間的な順序を逆にして考える。

例…ジュースが少ししか残っていないコップと、それよりも多く残っているコップを用意し、「ジュースをたくさん飲んだ人はどっち？」と聞いてみる。

●あるものごとを、ひとまとまりにしてとらえる……「車1台あたりに5人乗る」など、ひとまとまり（1あたり量）でとらえるものの見方を身につける。

例…自動車、自転車、三輪車の絵を見て、その乗り物が複数あるときのタイヤの数を答える。

●規則性を発見する……並び方の法則性や変化の法則性を発見する。また、変化するものと変化しないものを区別して考える。

例…○△□×○△□×…と並んだもののうち所々が欠けているとき、そこに何を入れたらよいのかを考える。

●AとB、BとCの関係からAとCの関係を推理する……シーソーを使い、BはAより重く、CはBより重いとき、Bを仲立ちとしAとCの重さの関係を考える。

例…背を比べて、太郎君と花子さんでは花子さんのほうが高く、花子さんと次郎君では次郎君のほうが高いとき、背の高い順に名前を言う。

記憶力のトレーニングは集中力のトレーニング

幼い子どもの飽きっぽさや集中力のなさは、親なら誰もが日々実感していることではないでしょうか。たとえ勉強をやらせたいと思っていても、幼児が長い間1つのことに取り組むのは至難の業です。授業中に立ち歩いたりおしゃべりするなどの問題行動も、集中力のなさに原因があります。まだ幼いから仕方がないと放置せず、幼児期から集中力を鍛える訓練をすることは、小学校に上がってから問題を起こさないばかりか、学力を伸ばす秘訣にもなります。

では、どのようにすれば元々飽きっぽい幼児に集中力を身につけさせることができるでしょうか。

集中力を鍛えるのに有効な方法に、記憶力のトレーニングがあります。たとえば、複数のキャラクターが登場するお話を聞かせ、終わったあとで「お話に出てきたのは誰？」「○○はどこに行ったの？」など、話の内容を正確に覚えているかどうかを聞くのです。お話を使った方法は、記憶力と同時に内容を正確に理解できるかどうかのトレーニングにもなります。ちなみに、小学校受験でもこうした「お話」を使って記憶力や理解力をチェックすることがよくあります。お話以外では、神経衰弱などトランプを使った記憶力のゲームをするのもよいでしょう。

集中しようと思っても、なかなかうまくいかないのは大人でも経験があるのではないでしょうか。幼児ならなおさらです。**短時間で記憶するゲームや遊びをすると、子どもは驚くほどの集中力を発揮します。**

こうした経験を重ねると、子どもには「集中するとうまくいく」「集中してやり遂げると嬉しい」という実感を得るようになります。そのことで、自然と集中力が養われていくのです。頭ごなしに「集中しなさい！」といっても意味がありません。「楽しさ」を取り入れることが、幼児の能力を伸ばすのです。

コラム❷

「数」の学習

“指”は使わない

小学1年生に「足し算・引き算」を60問やらせた場合、早い子どもは2分くらいでできるのに対し、遅い子どもは十数分かかることがあります。この理由を探ると、計算が遅い子どもにある特徴があることがわかりました。それは、「指を使って計算している」ということです。

「数」を覚え始めた初期の頃は、指を使ったほうがスムーズです。しかし、指を使って数える方法が「足し算・引き算」という次のステップの土台にはなりません。「数」は頭の中でイメージ化したものを操作することが重要ですが、指を使っていると、数のイメージ化がうまくいかないことがよくあります。

最初のうちはおはじきなどを使って数を覚え、慣れてきたら何もない状態で頭の中でイメージした「数」を操作させること。暗算ができるようになるためにも指を使わせない習慣をつけさせましょう。

第 3 章

遊びの中から学ばせる

机に向かわせることだけが学習ではない

幼児期、子どもは生活の中から驚くほどたくさんのことを学んでいきます。このことは、言葉を覚え始めの頃のことを思い出せば、簡単に理解できることでしょう。ある日突然あふれだすようにおしゃべりが始まったという子どももいれば、少しずつ単語を増やしていく子どももいるなど、個人差はありますが、どの子どももまるで砂に水がしみ込むように、さまざまな言葉を覚えていきます。

触ってみるだけだった積み木があるときから積み上げられるようになるなど、遊び方も進化していく幼児期、子どもにとって日々の生活が勉強です。

賢い子どもになってほしいと願う親は、幼児期にさまざまな「勉強」をさせようとしがちです。前章で述べた英会話などは、その最たる例といえるのではないでしょうか。そのため、幼児にもわかりやすいテキストやドリル、教材を使って勉強の時間を持たせようとしたり、机に向かう習慣をつけさせようと悪戦苦闘している人も多いことでしょう。

しかし、**遊んでいるように見えて、幼児期の子どもは日々たくさんのことを学んでいるのです**。ですから、あえて大人が考える「勉強」をやらせる必要はありません。

ただし、遊びや日々の生活の中からより多くのことを学ばせ、小学校から始まる学習につなげるためには、ただ自由にさせていればいいというものではありません。より学習効果を上げ、知育の発達につなげるには、コツがあるのです。

この章では、子ども達が日常的に楽しんでいる遊びを「学習」にするためのノウハウをご紹介しましょう。

親の働きかけで「遊び」が「学習」に

幼児期の子どもは日々さまざまなことに出会い、刺激を受けています。これらの経験は子どもを賢くしてくれるものではありますが、単に遊ばせているだけで小学校から始まる学習につながる基礎教育になるかというと、残念ながらそうではありません。

子どもは遊びを通して、さまざまな発見をしています。しかし、それはたとえていうなら「見えているだけ」なのです。自らの発見にどのような意味があるのかをわかっているわけではありません。

たとえば、子どもがいくつかのミニカーを並べて遊んでいたとします。そのとき、偶然同じ台数で2つの列ができたとしても、子どもは「きちんと並んだ」としか考えていないかもしれません。このとき、「ミニカーのかたまりを2つに分けることができた」ということに気づくことはとても大切です。しかし、子どもには「2つに分かれた」と見えていない場合があります。そんなときは、そばで見ている親が「2つに分けられたね」と声をかけて気づかせてやることがとても重要になってきます。さらに数を増やして「いくつずつに分かれた？」「今度は3つに分けてみようか」などと声をかけ、やらせてみることで、子どもは一層考えて取り組むことでしょう。これが、基礎学習になるのです。

他にも子どもが初めて見た果物の名前を聞いてきたとき、単に教えてやるだけではなく、「じゃあ、同じ〝き〟がつく他の言葉はあるかな？」「これと同じ色のものを言ってみて」などとさまざまな〝言葉遊び〟をしてみたり、お絵描きをしているときに「丸と三角を使って何か描ける？」と〝図形遊び〟をしてみたりなど、**親からさまざまな働きかけをすることで子どもはより刺激を受け、勉強につながる多くのことを発見していく**のです。

では、次のページから具体的な方法をご紹介しましょう。

家庭にある道具こそ素晴らしい教材

「家庭で効果的な幼児教育をする」と聞くと、特別な教材や道具が不可欠だと思う方は少なくありません。デパートや本屋、そしてネットショップなどさまざまな場所で「子どもの頭をよくする」と銘打った教材や教育玩具が並んでいます。それればかりか、それらを使わないことには幼児教育が始まらない、という親の不安や焦りをかきたてるような売られ方をしているケースも目立ちます。

教材や教育玩具の効果は決して否定できませんし、うまく使えば効果を期待できることでしょう。

しかし、**幼児教育は特別な教材や教育玩具がなければできないものではありません**。どこにでもあるようなものでも、素晴らしい教材や教育玩具になるのです。

ここでは、家庭にある道具を使ってできる幼児教育をご紹介します。親子で楽しみながらやってみましょう。

形の遊び

小学校に上がって勉強が始まる前に、基礎となる学習をしておく重要性については、先にも詳しく述べました。特に「図形」の問題は子どもが算数でつまずく原因になりやすいので、早いうちから親しんでおくとよいでしょう。

図形の基本は、平面の丸や三角、四角。これらの**「形」を日常生活の中から見つけること**から、学習を始めることができます。

たとえば折り紙を対角線で折ると、三角になります。これは「四角を半分に折ると2つの三角ができる」「三角を2つ合わせると四角になる」ことの証明です。そこで、「折り紙は四角」「半分に折ると三角」「開いたら、四角の中に三角が2つ」などと親が言ってあげるだけで、理解が深まるのです。

「形」を使った遊びでは、作ったり壊したりが簡単にできるおもちゃや素材を活用しましょう。

たとえば積み木を使った遊びは、子どもの図形感覚を養う効果があります。まず親が手本を作ってやり、「これと同じものを作ってごらん」と促してみたり、でき上がった形から1つだけ積み木を動かし、どこをどのように動かしたか当てさせる遊びもいいでしょう。

また、粘土を使ってさまざまな形を作るのも、「作ったり壊したり」が簡単にできる学習効果の高い遊びです。ぜひ取り入れてみましょう。

数の遊び

「数」の理解は、子どもにとってとても重要です。大人は子どもに「数」を教えるとき、「1から10まで数えることができるか」「100まで数えられるか」「1＋1など簡単な足し算ができるかどうか」にとらわれがちです。しかし、次章で詳しく述べますが、子どもは「数」とはどういうものなのか、その根本を知りません。ですから、「数とは何か」から教える必要があるのです。

とはいえ、突然「数とは」などと始めても、子どもも混乱するばかりです。まずは**日常的に「数」というものに慣れ親しむこと**が重要になります。

簡単に、そして効果的に「数」の学習ができる昔ながらのおもちゃに、おはじきがあります。もしおはじきがなければ、ドングリやボードゲームのコマ、ミニカーなどどんなものでも構いません。指先でつまめるくらいのもので、大きさも形も同じで、さらに何色か（あるいは何種類か）に分類できるものが10個以上あれば理想的です。

これを10個並べて数えたり、10個ある中から5個選んで出したり、10個を2人で分けるなど、「数」を意識した遊びをたくさんやらせてみましょう。

横1列に並べた10個の中から「5個ください」と「右から5つ目をください」というように、「同じ数でも意味が違う」経験をさせると、さらによいでしょう。

もしうまくできないようなら、並べる数を6個、4個と数を減らしてからやらせてみると、うまくいくものです。これは数の学習に限らないことですが、わからないときに無理に教えようとすると、子どもに苦手意識がついてしまいます。少し簡単にしてからもう一度やらせて自信を持たせることが大切です。

ゲームの遊び

今やゲームというとスマートフォンやタブレットなど携帯端末を使ったゲームが真っ先に浮かぶかもしれません。しかし、子どもの知能を発達させたいと思うなら、実際にカードやコマを使うトランプやカルタなどのカードゲームや、すごろくやオセロなどのボードゲームをやらせたいものです。

これらのゲームで指先を使ってカードやコマを動かすこと自体、子どもの脳を刺激してくれます。それだけでなく、**ルールに従ってゲームを進めるということ、相手の出方などさまざまな要素を観察しながら勝とうとすることなど、遊びながら考える力を養ってくれるのです。**

最初から複雑なルールのゲームをして、理解できずに苦手意識を持ってしまうよりも、まずはババ抜きや神経衰弱など、簡単な遊びから始めるようにしましょう。

考える力を養ってくれ、奥が深く、一生付き合えるゲームとして筆頭にあげられるのは、オセロや将棋や囲碁です。縁がない人は、「難しすぎて子どもには無理」と敬遠しがちですが、プロ棋士の多くが小学校低学年やそれ以前に始めていますし、幼児だから無理、とはいえません。ただ、幼い子どもが将棋や囲碁を始めるには、親や祖父母など身近な大人に教えてもらうことが、おもしろさを知り、夢中になるためのきっかけになります。

そうした大人が周囲にいない場合は、幼児でも楽しめるように盤を小さくし、コマ数を減らして動きを簡略化させた、将棋や囲碁のおもちゃ「どうぶつしょうぎ」や「よんろのご」などから始めるといいでしょう。

指先を使った遊び

指先を使って細かい作業をすることで脳が刺激され、知能が発達することは、広く知られています。たとえば、将棋や囲碁など、まったくルールは同じゲームでも、パソコンなどを使って遊んだ場合だと脳の一部しか活動しないのに対し、実際にコマを動かしながら遊ぶとさらに広い範囲で脳が活動することがわかっています。脳の発達に手先を使うことが欠かせないのは、こうした理由があるからです。

幼い子どもはまだ手先を自由自在に使うことができません。しかし、成長するにつれて、指先を使った細かい作業をやりたがるようになります。たとえばボタンをうまく止めることができなくても親の手を借りずに着替えをやりたがったり、時間がかかっても靴を自分で履きたがったりします。どうしても時間がかかるので、親のイライラがつのるシーンではありますが、こうした作業が子どもを賢くしてくれるのだと思って、できるだけやらせてあげたいものです。

そうはいっても、出かけるたびに子どもの着替えや靴を履くのを待ってばかりいるのもストレスがたまることでしょう。だとしたら、**日常動作の練習をしつつ、知能の発達を促してくれる遊びをする**のがおすすめです。

たとえば、パンチで穴を開けた厚紙にひもを通し、最後にちょう結びにする遊びや、不要になった服のボタンがついている部分を切り取り、ボタン止めをする遊びなどは指先のトレーニングにもなる上、着替えや靴を履く練習にもなります。

その他に、箸を使った遊びを取り入れて、正しい箸の使い方を覚えるのも、指先を使う練習になります。大きさや硬さなど、素材の異なる豆やビーズ、スポンジをカットしたものなどを用意しておもちゃの器に入れ、箸でつまみ出す遊びがちょうどよいでしょう。

「子どもだから」と誤った使い方を黙認していると、後で矯正するのが難しくなります。失敗をくり返して当たり前ですから、トレーニング用の箸を使わず、最初から箸を持たせて練習させることが大切です。

お話の遊び

絵本の読み聞かせをしてもらったり、眠る前に昔話を語ってもらったりと、さまざまな「お話」に触れることは、子どもの情緒だけでなく、想像力を育む、とても大切な経験です。どのような絵本を選んだらよいか、どのようなお話を聞かせればよいかと悩む方は多いようですが、幼児期はあまり〝教育〟を意識せず、子どもが、そして親自身が好きな絵本やお話を選ぶのが一番です。文字のない絵本で子どもと一緒にお話づくりをするのもいいですし、「ざぁざぁ」などのオノマトペ（擬声語・擬態語）を多用したものは子どもが好きなタイプの本です。

文字に興味を持ち始めたら、物の名前を大きく書いた図鑑的な絵本を取り入れるのもいいでしょう。

大切なのは本に親しみ、本が好きな子どもにさせること。図書館も利用してできるだけ多くの本に触れさせ、我が子が好む本のタイプを見つけてあげましょう。

自然の遊び

子どもの遊びでとても大切なのは「自然との触れ合い」です。インターネットの時代、子どもは部屋にいながら地球の裏側にある雄大な景色を見ることができます。しかし、どんなに素晴らしく、そして珍しいものだとしても、**実際に触れた経験に勝るものはありません**。海や山、川、あるいは森や田んぼなど、どんなところでもかまいません。水道水ではない水に触れてその冷たさや気持ちよさを知ったり、流れの怖さを知ることは、子どもにとってかけがえのない体験です。

また、図鑑で珍しい動植物や昆虫を見るより、公園でハトやスズメを見たり、小さな虫を捕まえる経験を、ぜひさせてほしいと思います。

肌で自然を感じたことがあるかどうかは、文学や芸術に触れたときの感じ方にも関わってきます。**豊かな感受性を育むためにも、できるだけ多くの場所に出かけ、多くの自然に触れさせること**を強くおすすめします。

コラム❸

概念語

わかりやすい言葉でつなぐ

幼児は生活の中でたくさんの“言葉”を覚えていきます。だからこそ、さまざまなことを体験することや、家族や友達など異なる立場の人とコミュニケーションを重ねることが、より多くの言葉を獲得するために欠かせません。

しかし、子どもはひとつのものの見方にとらわれる傾向があるため、視点を変えた表現を充分に理解することができません。たとえば、数を比べる問題で、「どちらがいくつ多いですか」はわかっても、「どちらがいくつ少ないですか」と聞かれると、わからなくなってしまうことがあります。普段は多いほうに着目していることが多いため、視点を変えるとわからなくなるのです。この場合、生活の中でよく使う「足りない」に置き換えて、「いくつ足りないですか」と聞くと、子どもは少ないほうに意識が向き正しく答えることができます。

このように普段あまり使わない表現の場合、できるだけ生活の中で使っている言葉に置き換えて練習し、難しい表現が身につくように導いてあげることが大切です。

第 4 章

ステップごとに理解が深まる75の教育

子どもは段階を踏んで成長する

この章から幼児期に始める基礎学習を、50ページの「5領域」に沿ってご紹介していきます。また、5領域に含まれないものは、常識問題として「その他」とまとめています。

本書では小学校に入学する前の幼児を対象にしています。また、ご紹介する具体的な学習方法について、子どもの理解度に合わせ、基礎から応用へ1から6までのステップで明記していますが、それぞれに対して「○歳から」という年齢の目安は記していません。4月生まれと3月生まれではほぼ1歳違います。乳児から幼児、さらに小学校低学年まで、1歳の差があると体の大きさから運動能力、言葉、知能、そして心理状態まで驚くほどの差があります。また、月齢に関わりなく、発達がスローペースな子どももいます。それは「遅れている・いない」の問題ではなく、個人差なのです。

とはいえ、「その子ができることだけをやる」のでは、進歩は期待できません。子どもに限らず、**成長・進歩するために必要なのは「少し背伸びをしてがんばれば手が届く取り組みをやること」**なのです。

子どもは日々成長し、できることが増えていきます。極端なことを言えば、幼児期の子どもは特別に何かをしなくても、自然に発達していくのです。しかし、そのままではある程度成長したところで発達が止まってしまいます。学校でやっていることがわからなくなり、勉強が苦手になってしまうのです。

そうならないために必要なのが、「子どもを引き上げるための教育」です。子どもが自ら成長するペースに合わせて、「少しだけがんばればできること」を課題としてやらせてみる。それができたことで子どもは自信を持ち、さらに高いところを目指す気持ちがわいてくるのです。

できないことを無理にやらせるのではありません。あくまでもその子自身の力を見て、できること・頑張ればできること・まだできないことを見極めるのです。

確実に成長するためには、後戻りも必要

「がんばればできること」をやらせてみて、それができたときの達成感を味わうことで子どもは大きく成長していきます。

このとき大切なのは、「まだできない」ことがわかったときの対処法です。

80ページのStep1から始まる学習内容に取り組むうち、あるとき、突然つまずいてしまうことがあるでしょう。

たとえば「大きい順に並べましょう」という課題に取り組んでいたとします。3つを並べるのは問題なくできた、次に5つをやってみたら、少し悩みながらもうまく並べられた、ところが8つがうまく並べられない、ということが、幼児期の子どもにはよくあります。手元に残った3つを、大きい順に並べた5つの列の中の、入るべき場所に入れることができないのです。横で見ている親としては、

「どっちが大きいか、見ればわかるじゃない」「さっき5つはできたでしょ？」と言いたくなる場面で、つい声を荒げてしまいたくなるかもしれません。

しかし、これは言っても仕方のないこと。まだ「5つならできるけれど、8つはできない」のです。それなのに「さっきと同じだから、今度もできるはず」と言っても無理というもの。こんなときは「できるでしょ」と言い続けるよりも、**前の段階に戻って、課題の意味をしっかりと理解させること**が必要です。前述の例でいえば、もう一度5つを並べる段階に戻って、「大きい順に並べる」ということをしっかり理解させます。このとき、「こうすればいいじゃない」「わかった？」などと責めるようなことを言うと子どもが萎縮してしまうので、穏やかに接することは忘れないでほしいと思います。

発達段階は順調に前に進むだけではありません。ときには後戻りすることもあるでしょう。しかし、一見後退しているように見えても、子どもは確実にステップを踏んで成長するもの。その力を信じて、穏やかに見守りながら、次ページからの課題に取り組んでください。

01 「大きい・小さい」を探そう

未測量

幼児に「算数」を教えようとするとき、多くの方は「1から100まで数えられる」という数唱や、「1+1は?」などの足し算にこだわりがちです。

しかし、その前につかませたいのは、「数には順序数《じゅんじょすう》と集合数《しゅうごうすう》がある」ということ。たとえば「5」には「前から5番目」もあれば「全部で5個」もあります。10個のおはじきを1列に並べたとき、「6個取ってください」と「前から6つ目を取ってください」があり、その違いを理解するのは、幼児にとって難問です。

「いくつ」という「数」の世界に入る前に取り組むと効果的なのは、「量」。つまり、「大きいと小さい」「多いと少ない」などです。

子どもの目の前に、種類は同じで大きさの異なるものを2つ並べます。おもちゃでもいいですし、お父さんの茶碗と自分の茶碗でもいいでしょう。

そして、「大きいのはどっち?」と聞きます。正しく選べたら、今度は「小さいのはどっち?」と聞きます。続いて、お母さんの茶碗を並べ、「中くらい」を教えます。正確に「大きい」「中くらい」「小さい」が選べるようになったら、今度は「どうやって比べるんだっけ？」と聞き、子どもが自ら「大きい・中くらい・小さい」が言えるようにします。

「大きい・中くらい・小さい」がわかるようになったら、次は「多い・少ない」です。キャンディのようなお菓子を２枚の皿に違う数入れ、先ほどと同じ手順で「多い・少ない」が選べるようにします。

幼児はそれが〝大小〟を示す場合でも〝多少〟を示す場合でも、「いっぱい」あるいは「おっきい」などと言ってしまいがちですが、量の多少を表現するときは「多い・少ない」を使い、面積や体積の大小を表現するときは「大きい・小さい」と、きちんと**使い分けができるようにすること**も大切なことです。

子どもに何かを教えようとすると、机やテーブルに向かって「さあ、お勉強をしましょう」と構えてしまいがちですが、それでは抵抗感が生まれてしまうことがあります。それよりも、食事中や遊びの中で、「どっちが大きい？」「どっちが多い？」などと言葉をかけて、自然に定着させるとよいでしょう。

02

大きい順に並べてみよう

未測量

「大きい・小さい」がわかるようになったら、次は「順番」です。3〜5個のさまざまな大きさのものを目の前に置き、大きい順に並べます。マトリョーシカというロシア人形のように形は同じで大きさが違うもので行うとよいでしょう。

幼児は「大きいのはこれ」と決めつけがちです。ひとたび「これが大きい」と思うと、たとえさらに大きいものが現れても、最初に「大きい」と思ったものにとらわれてしまい、2つを比べて正しく順番に並べられなくなることがあります。そのため、3つのものが並んだとき**「BはAより大きいけれどCより小さい」という関係性を理解できること**が大切です。

暮らしの中で、「これより大きいのを取って」「じゃあ、今度はこれより小さいのは？」と表現を変えながら聞くようにしましょう。わかるようになったら「3番目に大きいのはどれ？」などに挑戦しましょう。

03 多い順に並べてみよう

未測量

アウトドアなどで使う同じ大きさの透明なプラスチックコップを5~7個用意し、さまざまな量の水（色水やジュースでもいいでしょう）を入れて、多い順に並べてみます。これも、5個くらいまでは多い→少ないと並べられても、7個にしたとき残りの2個を**適切な場所に入れられないことは、幼児期によくあること**です。そのときは無理せず、5個に戻って「3番目に多いのは？」などと聞きながら「順番」を身につけさせましょう。

お風呂や砂場などでの水遊びのときにたくさんのコップを使って並べる遊びは、子どもも喜んで取り組みます。1番多いコップの水を、より大きな広口のコップに移し替えて、「1番多く入っていたのに、他のコップより水面が低くなった」ことに気づかせてあげるのもよいでしょう。

04

どこにあるのかな？

位置表象

絵や写真、あるいは風景を見たとき、ぱっと空間をつかみ「どこに何があるか」をつかむことは、幼児にとってなかなか難しいことです。たとえば「本棚に置いてある写真を持ってきて」とお願いしたとき、すぐに見つけられないということは、大人にもよくあることです。こうした場合、「上の段の右側で、ぬいぐるみの前にある」などと、より具体的に指示すれば解決するのですが、幼児には「上下」「左右」「前後」が難しいのです。空間を正しく捉え、「位置」をつかめるようになるには、生活の中でさまざまな工夫が必要です。

子どもに話すときについ使ってしまいがちな「そこにある帽子を取って」「あそこで待っていて」という曖昧な表現を避け、「棚の上にある帽子を取ってきて」「ポストの前で待っていて」など、さまざまな場面で、**できるだけ具体的な指示をするよう、親も習慣づけたいもの**です。

空間認識を身につけるちょうどいい遊びに、積み木やブロックがあります。さまざまな色のついたカラフルなものがあればなおよいでしょう。

まずは1人で、あるいは親と一緒に好きなものを作ってみましょう。そして次に、「青の前に赤を置いて」「緑の右に黄色を並べて」など、「上下」「前後」「左右」の言葉を使いながら、指示をしていきます。幼児にとって「左右」は難しいので、最初のうちは「横」「隣」という言葉で代用してもよいでしょう。ただし、「そこ」「あっち」などの言葉はできるだけ使わないように気をつけましょう。

慣れてきたら、「前から3番目の積み木」とか、「下から2つ目のブロック」など、より具体的な言葉を使うのもよいでしょう。最初のうちは混乱しがちなので、一緒に「上からひとつ、ふたつ、みっつ」と数えるなどして、楽しく遊びながら取り組みましょう。

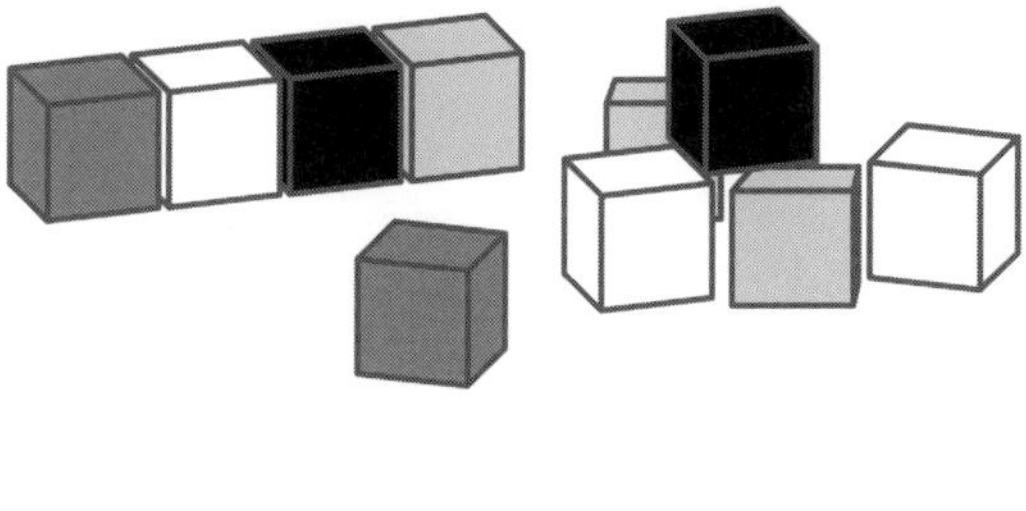

05 「逆三角形」は三角？

図形

さまざまな平面図形のうち、幼児期の図形教育で**基本となるものは「丸・三角・まる四角・長四角・ひし形」**の5つです。平行四辺形や、台形などの四角も生活の中では身近な形ですが、学習対象としては、前記の5つの形をしっかり覚えてください。円や正方形などと言えなくてもかまいませんので、それぞれの図形の特徴をしっかりつかませてください。

「図形」は暮らしの中にたくさん見つけることができます。まずは身の回りのものを使って、「これはなんていう形？」と聞いて、正確に答えられるようにします。「三角」と「四角」を間違えてしまう場合は、角と辺を示しながら「ひとつ、ふたつ、みっつ、これで三角」「角が3つあると、三角だね」「角が4つだと、四角になるね」と数え、違いを理解させてあげましょう。割箸などを使って三角や四角を作って違いを見せると、理解が早いでしょう。

基本図形のうち、幼児にとって「三角」は「おうちの屋根」「おにぎり」「山」と親から教えられることが多い図形です。

しかし、三角形に切った紙を見せて「これは何?」と聞いたとき、「三角」と答えることができても、それを上下ひっくり返して逆三角形にし、「じゃあ、これは何?」と聞くと「三角」と答えられない子どもがいます。幼児にとって三角は「おにぎりや山の形」なので、**逆三角形になると「三角ではない」と思い込んでしまう**のです。なかには「逆立ち三角」と答える子もいますが、それでも「逆三角形＝三角形」と理解することはまだ難しいのです。

こんなときは、子どもを抱えて逆立ちさせてみます。そして、「○○ちゃんは逆立ちしたら誰になった?」と聞いてみましょう。「○○ちゃんは逆立ちしても○○ちゃんのままだよね」と確認させたら、もう一度三角形を見せ、「三角」と答えさせてから上下を返して逆三角形にし、「これは何?」と聞いてみましょう。

「逆立ちしても○○ちゃんは○○ちゃんだったように、逆立ちしても三角は三角」が理解できること。これは「視点を変えて見ても、物の特徴をきちんと捉える力」の第一歩となります。

06 「三角・四角」を描こう

図形

基本図形が理解でき、「形の名前」が言えるようになったら、次は基本図形を描いてみましょう。とはいえ、最初からうまく描くのは難しいので、まずは親が描いてあげたものや絵本に登場した形を指でなぞりながら、「三角は角が３つ・辺が３つ」という特徴をつかませます。折り紙などを切って三角や四角を作ってもよいでしょう。そして、自分で作った図形を手元に置き、「これと同じものを描いてみよう」と模写から始めると、戸惑わずに描くことができます。

とはいえ、辺同士がくっつかず間が空いてしまったり、角を丸く描いてしまって三角形がおにぎりのような形になることもあるでしょう。**図形は角をきちんと描くことが重要**なので、くり返し練習しましょう。鉛筆の動きに合わせて「1、2、3！」とリズムを取るなどして、楽しい雰囲気を作ると、子どもも熱中して取り組み、上達も早くなります。

07 「ひし形」を描こう

図形

ひし形は斜めの線が上手に描けることと、対角線を引いたとき、それが直角に交わる図が描けることが重要なポイントです。とはいえ、これが幼児にはなかなかできません。そこで、机の上に2個のおはじきを対角線上に置き、その間をまっすぐつなぐようにおはじきを並べる練習をしてみましょう。始めは図のように下に膨らむ形なるのが一般的ですが、このように**具体的なものを使って「斜めの線」を体験すること**が大切です。その上で、竹ひごなどでひし形を作って形の特徴をしっかりつかむこと、逆三角形などを描いて「斜めの線」を理解することが有効です。

ひし形がうまく描けないからといって、4つの点を打ってそれを結ばせるやり方は決してしないでください。これでは「ひし形」を理解したことにはなりません。「形の特徴をつかむこと」と「斜めの線を理解すること」ができれば、必ずうまく描けるようになります。

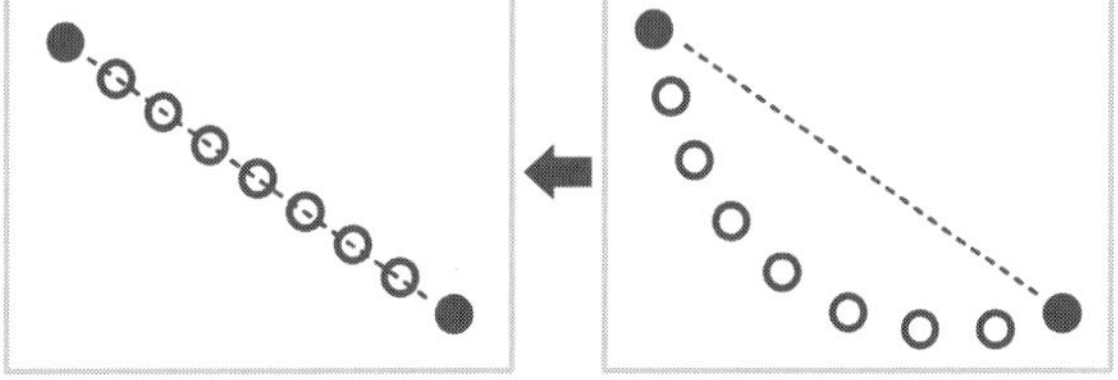

08「折り紙」で遊ぼう

図形

図形の理解を進めるためにとても効果的な遊びといえば、昔ながらの折り紙です。正方形の折り紙を対角線上にきちんと折ると、三角形になる。さらに半分に折ってから広げると、対角線で区切られた４つの三角形が現れる。別の折り紙を出して、今度は辺どうしを重ねて半分に折ると長方形ができる。さらに半分に折ってから広げると、４つの正方形が現れる。このように、「折る」だけでなく、「折ったものを広げてみる」という経験をすることが重要です。

さらに、「半分に折ったものを切り抜いたらどうなる？」をやってみましょう。半円を切り抜くと円になる、三角に切り抜くとひし形ができる…という発見を重ねることで養われるのは、「線対称」の感覚です。「こんな形ができた！」という驚きが得られるよう、「じゃあ、ハートを作るにはどうしたらいい？」などと提案を重ねることも必要でしょう。**折り紙は楽しみながら図形のセンスが養われる**、またとない遊びなので積極的に取り入れることをおすすめします。

Step 1　Step 2　Step 3　Step 4　Step 5　Step 6

09 「竹ひご」で遊ぼう

図形

折り紙などで三角や四角の特徴がわかってきたら、今度は竹ひごで三角や四角を作らせてみましょう。

割箸でもいいのですが、「ま四角」「長四角」「ひし形」が作れるように、長さが違うものを何本か用意するのがポイントです。

竹ひごを使うと、「三角は辺が３つ」「四角は辺が４つ」ということがよくわかります。

また、長さが異なる竹ひごを使うことで、「正三角形と二等辺三角形」、「ま四角と長四角とひし形」と展開させるのもよいでしょう。このとき、「正三角形も二等辺三角形も、角が３つあるから三角形」、「ま四角も長四角もひし形も、角が４つあるから四角形の仲間」と気づかせてあげましょう。

「角」がポイントになるので、**竹ひご同士をきちんとくっつけてすき間ができないように作ること**を、重点的に教えてあげましょう。

10 集めてみよう

数

80〜83ページの未測量で「多い・少ない」に慣れてきたら、次の段階として「量」を土台にして「数」を捉えさせてみましょう。

たとえば、赤いおはじき5個を横1列に並べ、その下に青いおはじき3個を並べます。すると、まず「赤いおはじきのほうが青いおはじきよりも多い」ことがわかります。さらに、「赤いおはじきは、青いおはじきよりいくつ多い?」と聞いてみます。もしすぐに答えることができなかったら、赤いおはじきと青いおはじきを1個ずつ同時に取っていき、「赤いおはじきが2個残った」ことを見せ、「赤いおはじきのほうが2個多かったね」と確認します。

このように、目に見える「量」を使って「数」を確かめる取り組みをするときに便利なのが、タイルです(陶器製のタイルではなく、プラスチックや厚紙製の小さな正方形のもの)。これなら「1が3個集まると3(1+1+1=3)」がイメージしやすくなります。子どもの「数の学習」に欠かせない「5」や「10」の集まりも、タイルを使えば「5のかたまりは、2つのかたまりと3つのかたまりに分けられる」と、数のイメージがつかみやすくなります。

「1から100まで」の数唱ができるようになると、大人は「2つと3つを合わせると、全部でいくつになる？」という足し算の基礎は簡単にできるもの、と思ってしまいがちです。しかし、幼児にとって**「1から100まで数えられる」ことと「2に3が加わると5になる仕組みがわかる」ことはまったくの別もの**です。

こんなとき、「2と3を合わせればわかる」と言っても子どもは混乱するばかり。だからこそ、おはじきやタイルなど、手で動かせる物（＝具体物）を使い「5という数」を「5つのおはじき」に置き換えて操作させることが、「数というもの」を理解させる最良の方法なのです。

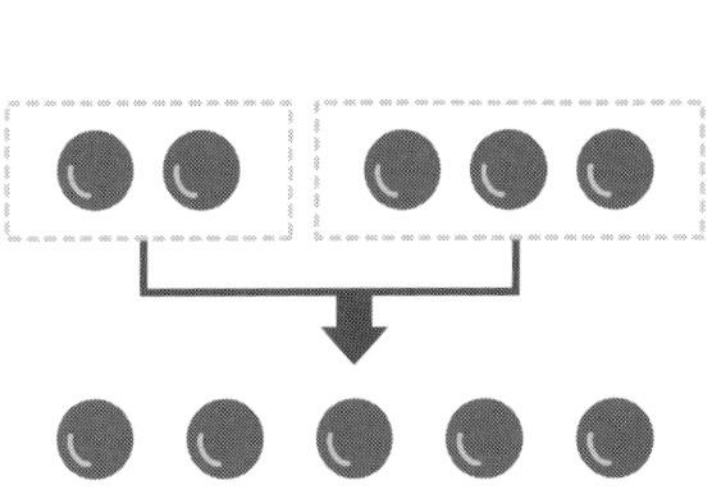

11 「買い物ごっこ」で遊ぼう

数

「いちごは2つずつ」「お父さんにはコロッケを3個」など、幼児にとって「数」は身近な概念で、特に教えなくても自然に感覚が身についていくものです。しかし、くり返し述べてきたように、「計算」ではなく「数」を教えることは、とても難しいものです。早いうちから足し算を教えるのは意味があることと思う方も多いかもしれません。確かに四則演算（足し算、引き算、かけ算、わり算）は早くできるようになる可能性はあります。しかし、計算は早くできても、文章を読んで式を作って答えを導きだす「文章題」がわからなくなってしまう子どもはとても多いのです。

それは、**「数字」と「数の概念」が結びついていないことに原因があります**。たとえば、100まで数えることができても、目の前にたくさん散らばったおはじきの中から「13個持ってくる」ことができない子どももがいます。100まで数えられるのに…と不思議に思うことでしょうが、これこそ「数字」と「数の概念」が結びついていない、典型的な例です。

そこで「数」の学習は「1に1を足すと2になる」ではなく「クマのクッキーが1

つ、ウサギのチョコレートが2つ、おかしは合わせていくつ?」から始めることが大切です。まずは目の前におはじきやおもちゃを並べ「いくつある?」と聞くことから始めましょう。数を指定して「持ってきて」とお願いしてみるのもいいでしょう。

子どもが喜んで取り組む「数の遊び」に、「買い物ごっこ」があります。さまざまな種類のおもちゃを並べ、種類と数を指定し、カゴやバッグに入れる遊びです。「積み木を2個と、車を3つ買いましょう」といった具合です。遊びだけではなく、買い物に行ったときに「チョコレート3個とクッキーを2個持ってきて」、食事のときに「箸置きを3つと、コップを2個並べて」などと、**日常生活でのさまざまな場面で具体的な「数」を指示してやり取りをする**と、子どもの中で「数の概念」が育っていきます。このようにして数の感覚をきちんと身につければ、数字の世界にもスムーズに入っていけますし、四則演算が素早くできるだけでなく、文章題の内容を理解した上で数字に置き換え、式を作る際にも戸惑わずに済みます。

たびたびお伝えしましたが、幼児期に勉強に対する苦手意識を植えつけないように自然体で、「遊びながら学ぶ」工夫を重ねることが大切です。

12 「同じ」を探そう

数

複数の種類のものを同じ数用意したとき、「両方とも同じ数ある」ことに気づくことは、「数の概念」を理解することにつながります。

たとえば「太郎くんのあめが2個と花子さんのあめが2個」だったら、「両方とも2個」と問題なく答えることができても、「いちごが2個とキャベツが2個」というように**大きさが違うと、大きさにとらわれて同じ数に見えなくなってしまう**のです。たとえ種類や大きさが違っても、「1は1で変わりない」ということを理解するのは幼児にはなかなか難しいのです。そこで取り組みたい遊びが「同じ数探し」です。食べ物や動物などが複数個描かれたカードを数種類用意し、同じ数同士をくっつけます。これにより**「ゾウが2頭もアリが2匹も同じ2」**ということが理解できます。「ぬいぐるみと同じ数だけ積み木を並べよう」「ポテトと同じ数だけプチトマトを並べて」など、暮らしの中で具体的に指示をするのも効果的です。

あめと同じ数のクッキーをお皿に入れてね
クッキー

13 数えてみよう

数

「いくつある?」という経験を重ねていく中で自然と養われるのが、「正しく数える」という力です。「肩までつかって、100まで数えたらあがっていいよ」など、お風呂のときに数えさせることは、古くから行われている日本ならではの幼児教育といえるでしょう。このとき、「9から10」「19から20」とくり上がるポイントがスムーズにできるようになれば、100までスムーズに数えられるようになります。

「数」には、「1、2、3…」という数え方と「ひとつ、ふたつ、みっつ」という数え方があります。どちらも日本ならではの数え方なので、両者をきちんと結びつけて、「〝ひとつ〟は1」を理解させることが大切です。

正しく数えられるようになったら、**「たくさんある中で、指定された数を数えて持ってくる」という経験をさせましょう。**「1、2、3…」と声に出して数えることと指先で具体物を押さえる行為が、連動するのが大切です。用意する数は多いほどよいでしょう。また、「手(カスタネットなどの楽器でもよい)を叩いた数だけ、数えて持ってくる」遊びも子どもが楽しむので、取り入れましょう。

14 「ことば」を数えよう

言語

数の教育を数字から始めようとするのと同様、言語の教育も「文字」から始めようとすることは、多くの家庭で見られる光景です。この教え方だと、たとえば「いちご」という文字を教えようとしたとき、最も簡単な「い」から覚えればよいということで、「○の中に文字を入れましょう。『○ちご』」という教え方をやりがちです。これは「文字」を教えるには効率がよいかもしれませんが、「言葉」を教えるという点から考えると、いささか乱暴であり、問題があると言わざるを得ません。

「文字」を教える以前に大切なのは、自分達が使っている〝日本語〟の基礎です。

日本語にはいくつかの外国語にあるような、「発音しない文字」が存在しません。たとえば「りんご」という3文字で3つの音があり、1つの単語を作っています。このように、常に1つの文字が1つの音を表し、その音がいくつか集まって言葉を形成していることが、日本語の大きな特徴です。この、**日本語の基礎である「一音一文字《いちおんいちもじ》」を、言語教育の始めに置きましょう。**

物や動物が大きく描かれている絵を見ながら、その名前を大きく声に出して言う練習をします。このとき、「り・ん・ご」と音ごとに区切って音に合わせて手を叩くと、「一音一文字」がよりわかりやすくなるでしょう。

一音一文字を教えているときに迷いやすいのは「でんしゃ」などの拗音《ようおん》（「ゃ」「ゅ」のように小さな文字が入る音）のある言葉です。これは手を叩きながら発音するとよくわかるのですが、「しゃ」で1音になります。ですから、「で・ん・しゃ」で3音の言葉になります。

これに対して、「きって」など促音《そくおん》（「っ」が入る音）は、「っ」が1つの音になるため、「き・っ・て」で3音の言葉です。

一音一文字に慣れてきたら、音の〝場所〟に注目させてみましょう。たとえば「い」が出てきたら、より大きな音で手を叩く、というルールを決め、「い・ち・ご」や「い・す」「ふ・ら・い・ぱ・ん」などを試します。この遊びをすることで、同じ音が頭にある言葉どうし（同頭音《どうとうおん》）や、お尻にある言葉どうし（同尾音《どうびおん》）が自然に身につき、次のページでご紹介する「しりとり遊び」がよりスムーズに楽しめるようになります。

15 「しりとり」で遊ぼう

言語

「しりとり」は言葉のさいごにある音に注目し、同じ音が頭にある言葉を見つけるゲームです。前ページで説明した同頭音、同尾音に注目できたら、一連の流れとして取り組んでみましょう。

「〝だ〟で終わった場合、〝た〟で始まる言葉でもよい」というルールもありますが、まだ文字を覚えていない幼児の場合は「〝だ〟で終わったら、〝だ〟で始まる言葉を探す」を基本とします。他の濁音《だくおん》、半濁音《はんだくおん》も同様です。これらの音で始まる言葉を見つけることができなければ、「じゃあ、〝た〟もいいよ」と告げます。このとき、「〝だ〟のテンテンを取って〝た〟」という説明は幼児に理解できないので不要です。

子どもは幼ければ幼いほど、語彙《ごい》の数が限られているため、しりとりをしていてもスムーズに言葉が出てきません。ですから、「ものの名前」に限らず、動きを表す言葉、すなわち動詞でもよいなど、柔軟に対応してあげると楽しく続けられるでしょう。

「しりとり」は、幼児にとって非常に重要な〝言葉の数を増やす効果〟のある、またとない機会です。ぜひ多くの機会を作って、楽しみながら取り組みましょう。

16 お話を聞いて当てよう

言語

言葉の学習は「読み・書き」といわれますが、忘れてならないのは「聞く」こと。最近、「人の話を聞けない子ども」が問題になっていますが、これは**言葉の学習として「聞く」訓練ができていないこと**も一因といえます。

「聞く」学習にとても大きな役割を果たしているのが「読み聞かせ」です。絵本を読み聞かせるだけでなく、昔話を聞かせるだけでも効果があります。

さらに進めるなら、「お話を聞かせて、答える」遊びをしてみましょう。お話を聞かせ、「誰が出てきた？」「何をした？」「何とあいさつした？」と、クイズのように問題を出すのです。あるいは、親が絵本を見ながら、絵に描かれているものを読み上げます。このとき、絵にはないものを1、2個含ませてもよいでしょう。それから子どもに絵本を見せ、「今、お母さんが言ったものを当ててみて」と、もう一度名前を言いながら絵を指差させます。子どもの聞く力を育むだけでなく、集中力を養うことができるので、ぜひお試しください。

17 仲間を集めよう

その他「分類」

「集合《しゅうごう》」とは文字通り「ものの集まり」のことです。たとえば、りんご、バナナ、ぶどう、みかん…は「果物」という集合ですし、ぬいぐるみ、着せ替え人形、ままごとセット…は「女の子のおもちゃ」という集合です。このように**「集合」とはその集まりに入るものの間に何らかの「共通性」があること**が重要です。

学校で「集合」を習うのはずいぶんと先の話になりますが、幼児期から集合の基礎作りをしておくことができます。それが「共通性」の理解です。

言葉は難しいのですが、要は「仲間集め」ということ。「ネクタイ、かばん、定期入れ」を集めたとき、「これは〝お父さんの持ち物〟という仲間」だと理解し、「ランドセルはお兄ちゃんの持ち物だから、仲間になれない」と判断することは、子どもが日常的にやっていることといえるでしょう。

●日用品を使った「仲間集め」

・キッチン用品、食器、洗面用具など生活の中で使うさまざまなものを見せ、それぞれの名前や材質、使い方などを答えさせる。
・任意の2つのものを比べ、「似ているところ」と「違うところ」を答えさせる。
・「仲間」を作り、それがどんな仲間なのか説明させる。
・違う集まりで考えて、もう一度仲間を作ってみる。

●友達が集まったときの「仲間集め」

・「女の子」「男の子」で仲間を集める。
・「白い靴下の子」「他の色の靴下の子」で集める。
・「お兄さんがいる子」「お兄さんがいない子」で集める。

「集合」や「仲間集め」はトランプなどのカードを使っても実践することができますが、最初は日用品やおもちゃ、家族、友達を使って「同じところがあるもの同士を集める・くっつける」という「仲間集め」をしたほうが理解しやすく、興味を持てます。**幼児の関心を引きつけるには、まず身近なものから始めること。**これはどのような取り組みでも共通の鉄則です。

Step 1 Step 2 Step 3 Step 4 Step 5 Step 6

18 重さを体で感じよう

未測量

未測量では「大きさ」「多さ」「重さ」「長さ」という4つの量を学習対象とします。このうち、「大きい・小さい」「多い・少ない」と「長い・短い」は目でわかりますが、「重い・軽い」は目に見えません。しかし、「重さ」は体で感じることができるため、子どもにとっては感覚的につかみやすいという特徴があります。

子どもに「重い・軽い」を教える第一歩は、実際に体験してもらうこと。実際に持ってみて重さを感じさせ、続いて2つのものの重さを比べてみます。

片方に辞書など重いもの、もう片方にティッシュペーパーの箱など軽いものを入れた紙袋を2つ用意します。中が見えないようにしたら、「どっちが重い?」と比べさせます。このとき、最初は同じ大きさの紙袋を使いましょう。比べ方は自由で構いません。1つずつ持って比べてもいいし、同時に2つ持って比べてもいいでしょう。**大切なのは、自分で「重さ」を感じることです。**

慣れてきたら、「小さな紙袋に重いもの」「大きな紙袋に軽いもの」というように、見た目と重さが違うものを用意し、同じように「どっちが重い?」をやってみましょう。「見た目と重さの違い」に惑わされず、重い方を選べるようにします。

続いて、手の平にのる大きさのものでも「重さ比べ」をしましょう。

箱やボールなど、どんなものでも構いませんが、「大きさは同じだけれど、重さは違う」ようにするため、同じ大きさのものを揃えてください。昔はマッチ箱に粘土を詰めたものをおすすめしていましたが、最近は見かけなくなったので、お菓子の空き箱などを利用するとよいでしょう。これも同様に、2つの箱を持って、どちらが重いかを当てさせます。

この他、日常生活の中でもさまざまなもので重さ比べをしてみます。たとえば、キャベツとレタスといった野菜や果物を使ってもいいですし、子どもが使っているおもちゃで重さ比べをするのもいいでしょう。日常のさまざまな場面で、「どっちが重い？」をやってみることで、「重い・軽い」の感覚が身についていきます。これをしっかりと体得してから、「重い順に並べる」という段階に進んでいきましょう。

19 道具を使って重さを比べよう

未測量

手で持つ重さ比べができるようになったら、今度は道具を使って重さ比べをしてみましょう。とはいえ、キッチンで使っているようなデジタルのはかりではなく、子どもがすぐに「こっちのほうが重い！」とわかるような方法を考えてみましょう。

キッチン用のはかりでも、針と目盛りがついたものが、〝重さの学習〟に向いています。「上皿に物をのせると針が動く」ことを観察します。そして、**「大きく動いたほうが重い」ことを体験し、**いろいろなものの重さ比べをしてみましょう。18（104ページ）で紹介したような箱でもいいですし、おもちゃを次々とのせてみて、1番重いおもちゃを探すなど、身近なものを使うとよいでしょう。

ばねやゴムを使っても重さ比べができます。同じ長さのばねやゴムにものを吊り下げると、重いものほど長く伸びます。吊り下げたときにばねやゴムが伸びる様子を見せて、さまざまなものの重さ比べをしてみましょう。

重さという目に見えない量を、手に持って体験したあとに、目で見える道具を使って可視化することで、より理解が深まるのです。

20

重い順に並べよう

未測量

「重い・軽い」が当てられたら、今度は中間の重さの箱を用意し、「重い・軽い・中くらい」を当てる遊びをしましょう。このとき、小さなシーソーがあると重さが一目でわかります。

子どもにとって「中くらい」を見つけるのは難しいものです。そこで、**うまく見つけるポイントは、〝1番重いものを見つける〟こと。**

まず、AとBを比べて重いほうを見つけます。Bのほうが重かったら、今度はBとCで重さ比べをします。Cのほうが重かったら、3つは重い順に「C→B→A」の順に並ぶことがわかります。

この方法に慣れてきたら、今度は4つの重さ比べにも挑戦してみましょう。やり方は3つの場合と同様、「2つずつ比べて1番重いものを見つける」です。

4つになると混乱してわからなくなるようなら、3つに戻して重さ比べをしましょう。焦らずゆっくり取り組むことが大切です。

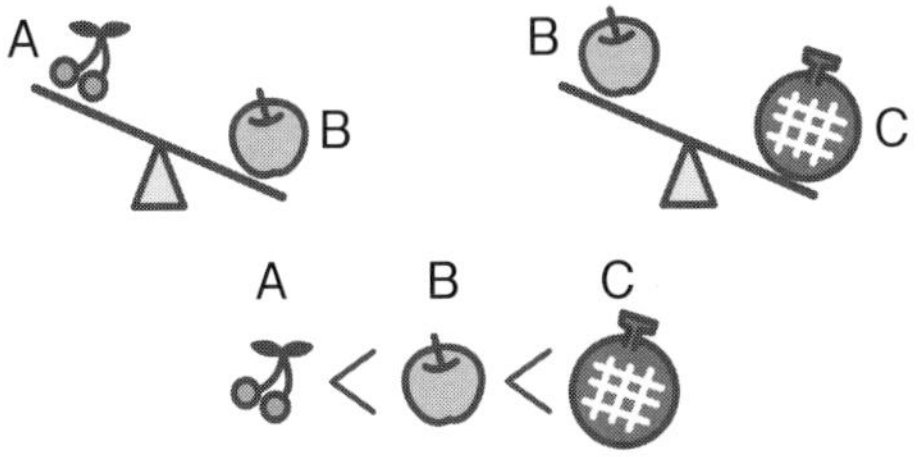

21 右手と左手を覚えよう

位置表象

空間の位置関係をつかむとき、「上・下」「前・後」はすぐ覚えることができるのに対し、「右・左」は幼児にとって難問です。しかし、道順の説明をするときや並んだものの中から1つを選びとるとき、「右・左」を正確に理解していることは欠かせません。幼児のときから「右・左」の正確な感覚を身につけることは大切です。

日本では昔から「お箸を持つのは右手、お茶碗を持つのは左手」という方法で「右・左」を教えてきました。しかし、これは左利きの子どもには通用しません。

そこで取り入れたいのは**「こっちが右手」と、右手をしっかりと意識させ、体で覚えること**です。最初のうちは左手は「右手ではないほう」で構いません。とにかく、手を上げさせたり何かを持つなどさまざまな方法で「こっちが右手」をつかませます。

「右・左」がわかってきたら、次は「聞いて理解する」です。「右手を上げて」「左手を上げて」と指示をし、正確に、かつ素早く指示された側の手が上げられるようにします。リズミカルに節をつけて言うと楽しく取り組むことができるでしょう。

続いて理解させたいのは、「向かい合った相手の右・左」です。子どもと向かい合い、「右手を上げて」と指示を出しながら子どもと同時に右手を上げます。そして、「あれ？　反対に見えるね」と、自分とは反対側の手を上げているように見えることを気づかせます。次に右手を上げたまま子どもと並び、「やっぱり右手だったね。向かい合うと左に見えるけど、お母さんはちゃんと右手を上げていたね」と続けます。

これをくり返すことで、**「向かい合った相手の右手・左手は自分と逆になる」ことを理解させます**。親が指示するだけでなく、子どもにも「右手を上げて・左手を上げて」と指示させることで、ゲーム感覚で取り組めるように工夫するとよいでしょう。

「相手の右・左」がわかってきたら、今度は「相手の右手にプレゼント」をします。お手玉やおもちゃなど、手の平にのる大きさのものを用意して子どもと向かい合い、両手を出して「右手にお手玉をちょうだい」と指示します。子どもが向かい合った親の正しい側の手に、指示された物をのせることができれば正解です。

お友達や他の家族がいるときは、「○○ちゃんの右手に赤いボールをのせて」と指示し、交互にやらせるのもいいでしょう。もし混乱した場合は、「後ろに並んでごらん」と促し、相手の右・左を確認させるようにしましょう。

22 家の中をお散歩しよう

位置表象

「右・左」が理解できたら、次は実践です。家の中で、指示を聞きながらそのとおりに歩く遊びをします。ただ歩くだけでは飽きてしまうので、あちこちに花やボール、おもちゃ、本などを置いておき、「右にあるお花を持って」「左にある椅子の下にボールを置いて」など、「前・後・上・下・右・左」をさまざまに組み合わせた指示を出すとよいでしょう。上手にできたら、今度は指示を出す側と歩く側を交代し、子どもの指示で歩いてみます。「向かい合った相手の右・左は自分と逆」を理解し、正確に指示できれば成功です。

また、買い物や散歩で外出したときには、「次の角を右に曲がろう」「りんごの棚の上」など、方向を意識した指示を出すように意識しましょう。

「前・後・上・下・右・左」の〝空間認識〟は机の上で学ぶよりも生活の中での体験を通して実感したほうが身につきます。そのためにも、親が〝空間〟について意識的になることが必要です。無意識にやりがちな「そこにある本を取って」などの曖昧な表現はやめ、具体的に指示を出すように心がけましょう。

23 紙に並べよう

位置表象

自分の右・左、相手の右・左、そして生活空間での上下左右の位置が理解できるようになったら、今度は5×5の方眼を使います。

現実世界と異なり、**紙での位置を考えるのはどこを基準にすればいいのか迷って、混乱しやすいもの**です。しかし、自分の視点が基準になることを理解すれば、スムーズに解けるようになるでしょう。

最初から「右・左」をやるのは難しいので、まずは「上・下」から始めます。5×5の方眼を書いた紙とおはじきを用意し、「下から4番目の列全部におはじきを並べて」や、「上から4番目の列全部におはじきを並べて」というように指示を出します。

大きめの方眼を作り、小さなおもちゃを並べたり、オセロや将棋、囲碁の盤を使って、コマを並べさせるのも楽しく取り組めます。さまざまな方法を試してみましょう。

24 「積み木」で遊ぼう

図形

すでに述べたように、幼児期の基本図形は、「丸・三角・ま四角・長四角・ひし形」の5つです。では、立体はどうでしょう。基本立体は「立方体・直方体・円柱・円すい・三角柱・三角すい」の6つです。これらの6種の立方体を覚える前に、まずは「立体」とはどういうものかを知り、体験させましょう。

立体意識を高めるために効果がある遊びに、〝積み木〟があります。

積み木は昔から子どもが大好きな遊びで、積み木を出しておけばいつまでも遊んでいる、という子どもは少なくありません。積み木を電車などに見立てて動かしたり、高く積み上げたり、お城など何かの形を作ったりと、その遊び方はさまざまです。

子どもの好きなように遊ばせても立体意識を高めることができますが、さらに効果を高めるため、親と一緒に楽しみながら立体を学べる遊びをご紹介しましょう。

まず、親と子どもそれぞれに立方体の積み木8個を用意し、4個を使って「田の字」に並べた上に、残りの4個を同様に重ね、親子それぞれの前に立方体を作ります。ここまでは一緒に組み立ててよいでしょう。

次に、子どもに目をつぶらせ、その間に親の立方体から積み木を1個、移動させます。そして、子どもに目を開かせて「どの積み木が動いた？」と質問し、わかったら同じ形を作らせます。

この遊びを通して、「立体の構造をよく観察する」「同じものを作る」力が養われます。このことは、後に基本立体を学ぶようになったとき、それぞれの違いを見つける観察力につながります。

もうひとつ、立体の基本が学べる遊びに、「秘密袋」があります。

これは、両側から手が入れられる袋にさまざまな形の積み木を入れておきます。そして、見本となる積み木を見せ、同じ形を手探りで探させて、袋の中から取り出す遊びです。積み木にこだわらず、さまざまな形、手触りのものを入れると、子どもは大変喜び、夢中になって遊びます。両側から手を入れられる袋を作るのが大変なら、上から風呂敷などの布をかけてもよいでしょう。目だけでなく、**触覚など五感を使って学ぶことは、知識をしっかりと定着させるコツ**です。ぜひさまざまな方法を試してください。

25 「円すい」を作ったり描いたり

図形

「立体」に慣れたら、実際に自分の手で絵を描いたり粘土を使って同じものを作ったりして、立体の特徴をつかみ、理解を深めます。

立体の特徴をつかむために効果的なのは、実際に立体を作ることです。そこで活用したいのが、粘土。たとえば「円すい作り」から始めてみましょう。

何も見ないで作るのは無理なので、パーティー用の帽子やクラッカーなど身近な円すい形を見本にします。**さまざまな角度から見本を観察したり、実際に触ってみたりして特徴をしっかりつかませること**が大切なので、「いろんなところから、よく見てごらん」と声をかけ、じっくり観察するよう、促しましょう。大きなかたまりから形を整えたり、小さくちぎったものを重ねていったり、または粘土用のナイフを使って削ったりと、子どもによってさまざまな作り方をすることでしょう。しかし、粘土作りに正解はありません。子どもの発想に任せて自由に作らせてあげることです。とはいえ、「円すい」に仕上げるのはなかなか難しいもの。子どもの試行錯誤を見守りつつ、ときどき「こうしてみたら？」などと声をかけてもいいでしょう。

先端がとがっているところ、側面が滑らかな曲線であるところ、上から見たとき、「丸」になっているところ、横から見たら「三角」になっているところなど、円すいの特徴はいくつかあります。これに気づかせてあげることが大切です。

粘土は子どもが大好きな遊びであり、立体感覚を養う優れた教材でもあります。

自由に作らせるのもよいですが、見本を与えて「これと同じものを作ってみよう」と促してみると、さらに立体感覚が養われ、図形が得意になります。

そして、粘土で円すい作りができるようになったら、今度は絵に描くことにも挑戦させましょう。

「円すいを絵に描く」といっても、美術デッサンのように陰影をつけるなどして立体感を表現する必要はありません。子どもが好きなように、楽しみながら描くことが何より大切です。

その場合も、「見本を観察する」ことが大切なことに変わりはありません。しっかり見て、楽しく作ったり描いたりすることで立体感覚を養いましょう。

26 組み合わせて完成させよう～1つに1つ～

数

暮らしの中にあるものの中には、「セットで1つ」というものがたくさんあります。

たとえば、「鍋とフタ」は1つずつを合わせて1つ、「コーヒーカップとソーサー」、「ペットボトルとキャップ」も、1つずつ合わせて1つです。

これは数学だけでなく、科学や物理の分野にも共通な「1個に対して1個が対応する＝一対一対応《いちたいいちたいおう》」という概念です。高等数学の領域ではありますが、極めて日常的な感覚であり、幼児にも理解しやすいということができます。

たとえば食事前は1膳の箸には1個の箸置きをセットにして並べます。1個のコップには1本のストローを差します。カップのアイスクリーム1個にはスプーンを1本添えます。

このように、子どもは日常的に「一対一対応」を経験しているのです。しかし、あまりにも日常的であるが故、必ずしも数学的な力を養うことにつながっていません。

だからこそ、**「1つに対して1つを組み合わせて完成させる」ことを意識的に行う**必要があります。

Step 1
Step 2
Step 3
Step 4
Step 5
Step 6

方法はとても簡単です。ペットボトルとキャップ、花瓶と花、コップとストローなどを目の前に並べ（絵でもよいでしょう）、「組み合わせてみよう！」と促します。そして、子どもが1つずつ手に取るたび、「コップが1つに、ストローが1本」と声に出して数えます。これをくり返すことで、「一対一対応」の基本、「1個に対して1個が対応する」感覚が自然に身についていきます。

特に効果があるのは、食事前に配膳を手伝ってもらうこと。「ごはんが1つに、お味噌汁が1つ」「お箸が1膳に、箸置きが1個」というようにそれぞれ確認しながら並べていくと、暮らしの中で自然に「1個に対して1個」が学べます。

このように「一対一対応」は高等数学でありながら、幼児の暮らしに密着した感覚です。食事のとき、おもちゃで遊んでいるときなど、「一対一対応」を発見したら「○○が1つに、△△が1つ」と声に出し、対応に気づかせることで、さらに理解が進むでしょう。

27 どちらがいくつ多いかな？

数

「一対一対応」に慣れてきたら、次は「どちらがいくつ多いか」という課題に取り組みます。

たとえば容器を6つ、フタを4つなど、組み合わせになっているものを、片方が1〜2個多くなるように用意します。この場合にできる質問は、「どっちが多い？」「どっちが少ない？」「どっちがいくつ多い？」「どっちがいくつ少ない？」「違いはいくつ？」「同じ数にするには、どうすればいい？」と、6種類の問いが可能になります。もちろん、最初から6つの質問をしても混乱するばかりですから、まずは「どっちが多い？」と「どっちが少ない？」から始めましょう。

大人から見れば一目でわかる問題ですが、幼児は最初に目に留まったほうや気になったほうに意識がいってしまい、双方を比べてその差を求められなくなることがよくあります。また、それぞれの個数を数えさせてその違いを出す方法が難しい幼児も、たくさんいます。

そこでやらせるのが、26（116ページ）で説明した「一対一対応」です。

容器1つにフタを1つずつ組み合わせていくと、フタが足りなくなります。そこで、「フタが少ないね。多いのはこっちだね」と声をかけ、「多いのは容器、少ないのはフタ」を認識させます。

続いて、「容器はいくつ多いかな?」を聞きましょう。「2個多い」がわかったら、次に「じゃあ、フタはいくつ少ない?」と質問を変えましょう。同じく「2個少ない」ですが、「少ない」が理解できない子どももいます。そうしたときは、「あといくつあればフタが置けた?」と質問を変え、「2個」と答えられたら、「そうだね、2個足りなかったね」と言って「少ない」という感覚を身につけるのです。

「いくつ少なかった?」という問題は、いずれ引き算につながる感覚を養います。それと同時に、「あといくつあれば足りた?」という問題は、足し算にもつながります。

このように、**親がどのような言葉で質問するかによって子どもの視点が変化し、身につけられる力も変わっていきます**。

親が自分の言葉の力を磨くことは、子どもの能力をより多彩に開かせてくれます。「いくつ足りない・あといくつあればいい」と、親自身も視点を変え、さまざまな角度から質問するように心がけましょう。

28 「動きの言葉」で遊ぼう

言語

子どもに言葉を教えるときは、「これはなんていうの？」という質問や、「これは○○というのよ」と示す言葉が多いのではないでしょうか。もちろん、これがいけないというわけではありません。しかし、この方法だと、どうしても物の名前、すなわち名詞が中心になってしまいがちです。15（100ページ）の「しりとり」で遊ぶと、子どもも大人も答えるのは名詞ばかりになるのは、よくある光景です。

ものの名前をたくさん知っていることは悪いことではありません。しかし、どれほどたくさんの名詞を知っていても、それが上手に自分の気持ちを伝える力につながるとは限りません。覚えている名詞の数は、豊かな表現力につながるわけではないのです。

大切なのは動きを表す動詞や、様子を表す形容詞や副詞を使いこなせること。そこで取り組みたいのが「短文作り《たんぶんづく》」です。

文章を作ると考えると難しそうですが、「誰が、何を、どうした」の形に当てはめていけば、子どもにも簡単に取り組むことができます。いきなり「誰が、何を、どうした」を始めると戸惑うばかりですから、最初は「動きの言葉」、つまり動詞の遊びから始めましょう。

まず、親がさまざまな動作をして見せ、子どもに「お母さんは○○しています」の文型に当てはめて表現させます。親が次々に動作をするのもいいですし、親子で交代でやり、ゲーム感覚で楽しむのもいいでしょう。

また、絵本や雑誌、広告などさまざまなものに掲載されている絵を見せて、「これは何をしているところ?」と聞くのもよいでしょう。

多彩な表現をする日本語では、対象によって動詞が変化することがあります。たとえば「身につける」という動作は、対象が服なら「着る」ですが、帽子なら「かぶる」、靴なら「履く」という表現があります。こうした**動詞の微妙な違いを経験を抜きに覚えていくのは、幼児にとって大変難しいこと**です。日常生活でくり返し出てくる動作だからこそ、そのたびに親が「靴は履くっていうのよ」「帽子はかぶるっていうの」と伝えていくことが、自然に言葉を身につけるために欠かせない工夫です。

「言語」領域の学習は、毎日接している親の語彙の量、表現力がとても重要になってきます。つい幼児語を使ってしまったり、「あれ、それ」など適当な表現をしたりしないよう、注意しましょう。

29 何を切ったかな？

その他「理科的常識」

生活の中にあふれている事柄には、勉強につながることがたくさんあります。大きい順に並べたり、家族の食器を並べるという、何気なく行っているお手伝いも、数学的な感覚を養うことにつながっているのです。

このように、生活の中で普通に行っていることで学習につながることはたくさんあるのですが、意識せずにやっているのでは残念ながらあまり意味がありません。単なるお手伝いに終わってしまいます。これを〝数学の基礎を身につける取り組み〟にするには、親の言葉かけや導きがとても重要になってきます。

たとえば、果物を半分に切ることは、ごく当たり前に行っていることでしょう。これをただ「今日のデザートはりんごよ」と切って出していては、「りんご」という果物に対する見方が広がりません。

りんごを出すなら、まず丸ごとの状態を見せてから縦半分に切り、「ほら、見てごらん、りんごって半分に切るとこんなふうになっているのよ」と切断面を見せましょう。そして、今度は横から半分に切り、「横から切ると、こんなふうになっているのよ」と説明しながら切断面を見せた後、食べやすい大きさにカットします。

すると子どもは「丸ごと」「縦半分に切った切断面」「横半分に切った切断面」「食べやすく8分の1に切ったもの」の4つの状態を見ることができます。

このように、野菜や果物などを使うときは、子どもにさまざまな形に切ったものを見せることにより、理科的な常識が自然に身についていきます。子どもにとって世界は「見たことがないもの」と「初めて見るもの」にあふれています。たとえば横半分に切った果物の絵や写真を見ても、それがなにかわからなくなってしまわないよう、**日頃から生活の中で、ものをさまざまな形で見せて確認させること**が重要なのです。

それと同時に、果物や野菜、花、生活道具など、さまざまなものの名前を「これは○○というのよ」と教えることも、理科的な好奇心を育み、常識を身につけるためにとても大切です。

子どもをキッチンに入れることに抵抗感がある方もいるかもしれません。しかし、子どもは基本的に食べることが大好きですし、親が使っているものに対して大いに好奇心を持っているものです。さまざまなものに触れさせ、世界を広げてあげましょう。

30 「鏡」で遊ぼう

その他 「理科的常識」

右手を上げて鏡の前に立つと、左手を上げている自分が映っているというように、鏡には「左右が逆に映る」という特性があります。しかし、このことを子どもに理解させるのはとても難しいことです。

そこで活用したいのが、「数字」や「文字」。まだ文字がわからない子どもには、アナログでもデジタルでも、数字が使われた時計を使うのがおすすめです。

まず、時計を見せて数字の形を確認させます。実際の時計で「2はこっち（指で示してもよい）を向いている」と答えさせたら、次に時計を鏡に映して、その数字の形を見せます。そして「あれ？　反対になっちゃったね」と鏡の中では形が左右逆になったことを気づかせます。子どもには少し難しいので、「2」をあひるの形に見立てて、どちらを向いているかを聞いてもよいでしょう。

次に、鏡の前に子ども自身を立たせ、片方の手を上げさせます。そして、「今上げているのはどっちの手？」と、左右を答えさせます。続いて「鏡の中のあなたが上げている手は、どっちの手？」と聞いてください。

子どもは「自分が上げているのは右手」だとしたら、「右手」にとらわれてしまい、「鏡の中では左手を上げている」という正解がなかなか出てきません。

そんなときは、子どもの横に立って、ふたりで右手を上げた状態を鏡に映してください。そして、「ふたりとも同じ側の手を上げている」ことを確認してから、手を上げたまま、子どもを残して鏡の横に立ちます。すると、**子どもは鏡に映っている自分と、鏡の横に立っている親が、自分とは反対側の手を上げていることに気づきます。**

ここで、「同じ右手を上げていたのに、鏡は右と左が反対に映るね！」と指摘します。

この取り組みと数字を映すことを何度か行ううちに、子どもは「鏡の不思議」を感覚で理解できるようになります。

〝不思議〟を体験することは、理科的な好奇心を育みますので、日常生活の中でぜひ取り入れていただきたい取り組みです。

31 長さを比べよう

未測量

未測量のうち、「大きい・小さい」「多い・少ない」「重い・軽い」に比べて「長い・短い」は、幼児にとって難問です。ひもなどの長さを表現するときに「大きい」を使ってしまったり、「長い・小さい」と言ってしまったりと、表現の間違いも多くなります。また、バラバラに置いた鉛筆の長さの違いを一目で判断することができないように、見た目や持ったときの感覚にとらわれて、すぐに答えがわからないところも、幼児が「長い・短い」で混乱する原因となります。

まず、取り組みたいのは、さまざまな長さの棒状のもの（鉛筆や竹ひごでも）を集めて、長い順に並べるということです。このとき、ただ見ているだけでは長さの違いがわかりません。そのため、**「どうすれば長さを比べることができるか？」を考える**ところから学習が始まります。幼児が「端を揃えて並べる」という方法を見つけることは難しいので、ある程度考えさせたら、親が手を貸してやってもよいでしょう。

棒状のものの長さ比べができるようになったら、続いてひもやプラスチック製のチェーンなどで長さ比べをします。

このとき、あえて丸めて置いたり、まっすぐなものと波状にしたものを並べるなど、ぱっと見ただけでは長さがわからないようにすると、より難しくなり、高度な取り組みになります。手を貸してやりながら、「それぞれをまっすぐに伸ばし、端を揃え、並べる」という3つの作業ができるようにしましょう。

長い順に並べることができたら、続いて「○番目に長いのはどれ？」と、指定したものを探せるようにします。このとき、「○番目に長いもの」を探させると同時に「じゃあ、それは短いほうから見たら何番目？」と質問します。**「長い方から見れば○番目だが、短いほうから見れば○番目」を考えることは、視点を変えてものごとを見る訓練になります。** 突然何かが起きたときにすぐ対応策が思いつけるなど、思考の柔軟性を養う基礎にもなるので、積極的に取り組ませましょう。

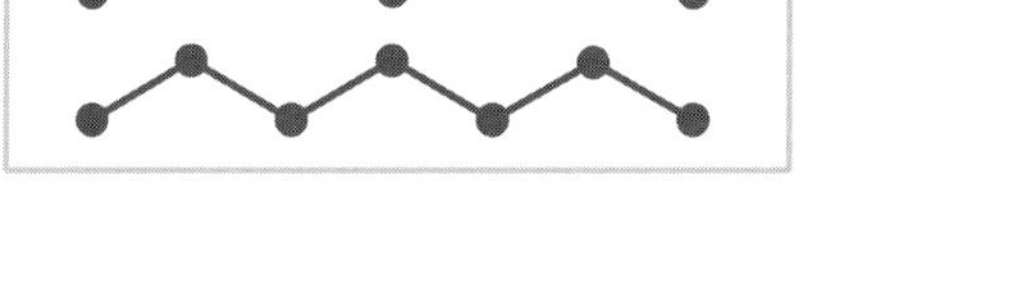

32 「いくつ分?」を考えよう

未測量

長さに限らず大きさや重さを表す「単位」には4つの段階があります。まず、2つのものを直接並べたり重ねたりして比べる「直接比較《ちょくせつひかく》」。次に直接比べられない場合、何か別のものを仲立して違いを調べる「間接比較《かんせつひかく》」。たとえば、机の幅とドアの幅を比べるとき、ひもを当てて両者の長さを調べるやり方がこれに当たります。そして、基準の「1」になるものを決めて、いくつ分かを調べる「個別単位《こべつたんい》」。手を広げたときの小指から親指までの幅を「1」として長さをはかるやり方などです。そして、「m」や「g」など万国共通の単位を使うのが、「普遍単位《ふへんたんい》」です。

「普遍単位」は小学生になったときに習うものなので、幼児の段階では「個別単位」までを身につけておくとよいでしょう。31(126ページ)で説明したのは「直接比較」の方法です。続いて「間接比較」、「個別単位」を学びましょう。

「間接比較」は、直接比べられない量の大きなもの同士を比べるときに使います。たとえば、「冷蔵庫とテーブル、どっちの幅が長いか調べてみよう!」と提案します。そして、ひもを冷蔵庫に当てて、横幅のところでしっかりとひもを持ちます(ひもに印をつけてもよいでしょう）。続いてテーブルにひもを当て、冷蔵庫とどちらが長いかを比べます。同じやり方で、「冷蔵庫より幅が長いものを探そう」と提案して、さまざまな物と長さ比べをしてもよいでしょう。

続いて「個別単位」です。車など大きなものなら、子どもに両手をいっぱいに広げさせて、「○○ちゃん何人分」とはかってもよいでしょう。小さなものなら、マッチ棒か爪楊枝が便利です。「絵本の横幅はマッチ棒5本分だけど、お母さんの本の横幅はマッチ棒2本分」など、色々なものをはかって比べます。

紙に直線で構成された道をいくつか書き、マッチ棒を使って「どれが1番長いか？」を調べるのもよい方法です。

こうした作業を通して、「マッチ棒いくつ分」「自分が何人分」という見方を身につけておくことが、やがて「普遍単位」の学習に入ったときに大いに役立ちます。

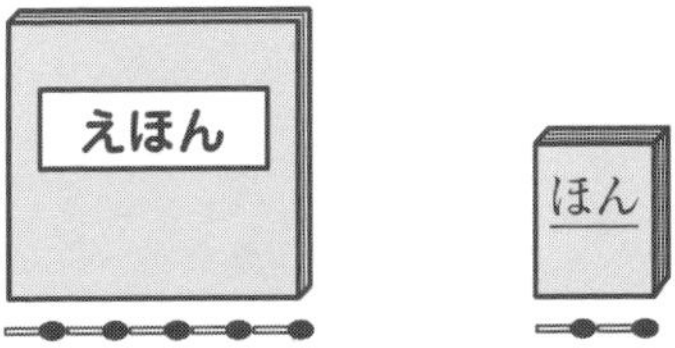

33 おはじき1つの場所を決めよう

位置表象

23（111ページ）で方眼を使って「紙の上での上下」をやりましたが、ここではそれをさらに進め、より具体的な位置を示せるようにします。

先の例と同様、5×5の方眼とおはじき（小さなおもちゃやコマなどでも）を用意します。そして、「下から4番目の列におはじきを置いて」と指示します。おはじきが横1列に並んだら、「いくつ並んだ？」と聞きます。「5個」と答えが返ってきたら、今度は「上からは何番目かな？」と聞きましょう。「上から2番目」と答えられたら、「そうだね、下から4番目で上から2番目だね」と、2つの見方を確認します。

これができるようになったら、方眼をマンションに見立てて、「このお部屋に荷物を届けてもらおう」と言い、任意の場所におはじきを1つ置きます。そして、「宅配便のお兄さんに部屋を教えてあげよう」と、おはじきを置いた場所を説明させます。すると、「上から2番目」「下から4番目」と答えるでしょう。そうしたら、そのたびにおはじきを置いたのとは違うマスを指差して、わざと「ここかな？」と間違えます。指差す前に「上から2番目で、下から4番目」と数えてみせるとよいでしょう。

これをくり返すことで「上から・下から」の説明だけでは特定の1つを指定できないことを気づかせたら、「今度は横から数えてみよう」と促し、「右から2番目」「左から4番目」を発見させましょう。

そして、「この場所を教えて」と促します。すると、今度は「右から・左から」だけで説明しようとします。そのときは、また同じように「ここかな？」といって違う場所を指差します。

「上から・下から」だけでも「右から・左から」だけでも説明できないことをわからせたら、「ここは、上から2番目で、右から2番目だよ」と、**「上下・左右」の2つの視点があれば、場所を特定できること**を教えます。「これなら宅配便のお兄さんも間違えないね」と納得ができたら、今度は別の場所におはじきを置いて、「上下・左右」から説明をさせましょう。

慣れたら、親が「上から4番目、左から1番目に荷物を届けてください」と問題を出し、おはじきを置かせることもやりましょう。

下から4番目
右から2番目に
おはじきを置こう。

34 違う言い方で場所を当てよう

位置表象

21（108ページ）の「右手と左手を覚えよう」では、「向かい合った相手の右手にお手玉を渡す」という取り組みが登場しました。くり返しになりますが、これは「相手の視点に立ってものを見る」練習です。

自分の視点にとらわれがちな幼児にとって、「相手から見るとどうか」というように視点を切り替えることはとても難しく、「お友達から見て」ということが理解できないことがよくあります。だからこそ、「相手から見たらどっち側になるか」は、くり返し行い、感覚をしっかりつかむことが大切です。

幼児にとって難題の**「視点を変えて見る」の練習は、方眼を使って行うとよりわかりやすく、効果があり**ます。

方眼は上・下・右・左のどこからでも数えることができます。たとえば、5×5の方眼の場合、「上から4番目で右から2番目」は、「上から4番目で左から4番目」、「下から2番目で右から2番目」、「下から2番目で左から4番目」と、4種類の言い方ができるのです。

まず、**33**（130ページ）のように「上から4番目で、右から2番目におはじきを置いてください」と指示します。指示通りの場所におはじきを置くことができたら、「どこに置いたか、説明してみて」と促してみましょう。すると、子どもは最初にした質問通りに「上から4番目・右から2番目」と答えることでしょう。そうしたら、「違う言い方をしてみて」と促すのです。最初は質問の意味が理解できない子どももいるかもしれません。それは、先に説明したように、**子どもは1つの視点に気づくと、他の視点が目に入らなくなるという特性を持っている**からです。そんなときは、「上からじゃなく、下から数えてごらん」「右からじゃなく、左から数えてみて」など、別の視点に気づかせることも必要です。子どもが答えを出したら、「そうだね。まだ違う言い方があるの、わかるかな？」とさらに質問しましょう。そして、「同じ位置を説明するときでも、4つの表し方がある」ということが理解できるよう、根気よく練習しましょう。

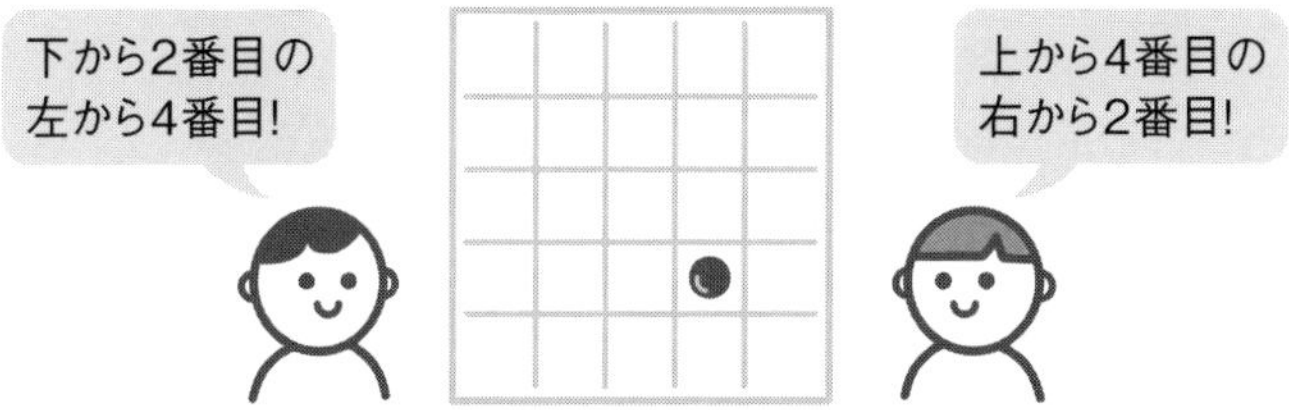
上から4番目の
右から2番目!
下から2番目の
左から4番目!

35 「絵合わせ」で遊ぼう

図形

頭のよさを証明する力のひとつに「記憶力」があります。試験前に重要なポイントを暗記しておくように、重要なことを要領よく覚えて必要なときに取り出して使いこなす能力は、勉強に欠かせない力です。

では、記憶力はどのようにすれば養うことができるでしょうか。

そこで必要なのが、物事をしっかり観察し、特徴を的確につかむ力です。

幼児期に行う記憶力のトレーニングにはさまざまなものがありますが、**やみくもに丸暗記させるのではなく、観察力も同時に鍛えられる練習が必要**になります。

そこで取り組みたいのが「絵合わせゲーム」。1枚の絵を見てその内容を覚えてから伏せて、微妙に違ったいくつかの絵の中から最初に見たものと同じ絵を選ぶ、というものです（左図参照）。

正しい絵と間違っている絵を並べ、お互いを見比べながら間違っている箇所を探す「間違い探し」では、問われるのは観察力だけです。しかし、この「絵合わせゲーム」では、正解の絵を記憶して正しいものを選んでくるという、観察力に加えて記憶力も重要になってきます。

さらに進めるなら、さまざまな要素が入った1枚の絵をある程度の時間をかけて見て記憶した後で、いくつかの間違いがある絵の中から違っているところを見つけるという取り組みも、観察力と記憶力の双方が養われます。

家庭で取り組むなら、子どもが好きなキャラクターのポーズが異なるイラストを使ってカードを作ってもよいでしょう。このページで紹介したイラストをコピーして使うのもおすすめです。

それぞれのカードは2組用意します。1組の中から「正解のカード」を選び、少し離れた場所にもう1組を並べて置き、必ず「正解のカードを見て覚えたら、それをその場に置いてから並べたカードのところに行って選ぶ」という段取りで行うようにしましょう。ルールを守って行うことで、ゲーム性が生まれ、より楽しく取り組むことができます。

36 点を結んで形を作ろう

図形

7「『ひし形』を描こう」（89ページ）で説明したように、幼児にとって斜めの線を描くことは、とても難しいものです。紙の端に引き寄せられるように、ゆるいカーブを描いた線になってしまうことは、よくあることです。しかし、**「斜めの線が描ける」ことは、どんな図形でも思いのままに描けることにつながる**ため、とても重要になります。さまざまな方法で、「斜めの線」の練習をすることが必要です。

そのための方法として、89ページでも紹介したように「机の対角線上に2個のおはじきを置き、その間がまっすぐな線でつながるようにおはじきを並べる」方法は、とても有効です。この方法を進めて、紙の対角線上に2つの点を描き、その間にまっすぐな線を引かせるのもよいでしょう。しかし、幼児にとって「まっすぐな線を引く」のは難易度が高く、しかも線を引くだけでおもしろみがないので、子どもがすぐに飽きてしまう可能性があります。

そこでおすすめしたいのは、左図のように等間隔で5×5の点を描いた紙を利用する方法です。ボールペンなどで書くか鉛筆で書いてコピーしておくとよいでしょう。

この点を鉛筆でつなげて、図形を描くのです。慣れないうちは3×3の方眼状の点でも構いません。まずはまっすぐな線（水平、垂直）から引かせましょう。慣れてきたら、斜めの線を引く練習をします。最初は2個の点を結んだ線から始め、慣れるに従って3個、4個、5個と増やしていくとよいでしょう。

直線と斜めの線が引けるようになったら、次は図形です。

点と点をつなげ、三角や四角、ひし形などを描いてみましょう。そして、三角や四角、ひし形が上手に描けるようになったら、最後は見本を見せて描かせます。どんな図でもいいのですが、「点同士を結ぶ」というルールは必ず守らせてください。

ひし形がいくつもつながった形やクリスマスツリーなど、5×5の点だけで、多彩な図が描けることに気づくでしょう。

この取り組みは、点をつないで図形を作るので「点図形」といいます。5×5に慣れてきたら、点の数を増やしていき、より多彩な点図形を楽しんでみましょう。

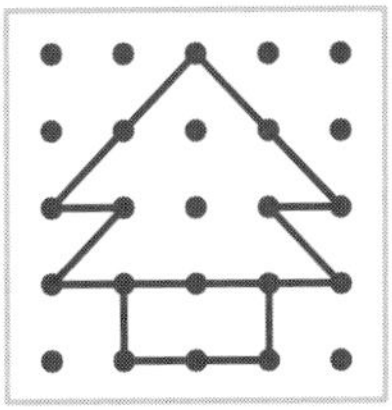

37 トランプを使って分けっこしよう

数

物事の共通点を見つけて分けることを「分類《ぶんるい》」と言います。子どもにとっては遊びのグループ分けをしたり、お菓子を友達と分け合ったりと、身近で日常的な事柄です。

「分類」は物事の共通項を見つけて仲間同士を集めること、と言い換えられます。どんな観点で共通項を見つけるかと同時に、「どうやって分けたのか」をきちんと説明できるようになることを目指したいものです。

たとえば何人かの友達を見て、「同じところがある友達同士を集めて、仲間集めをしてください」と言ったとき、その集め方には「男の子と女の子で分ける」「服の色で分ける」「帽子をかぶっているかどうかで分ける」などと、分類方法は限りなくあるはずです。しかし、子どもはひとたび「男の子と女の子で分ける」と思うと、その他の分け方に気づかなくなってしまいます。

そこで、**分類の取り組みを通して「1つのことでも、色々な分け方がある」ことを知り**、「観点を変える」ことを学んでいきましょう。

さて、その方法ですが、「分類」を教えるとき、最もわかりやすい素材となるのが、トランプです。すべてのトランプ52枚を使うと量が多すぎて混乱の元なので、それぞれのマークの、数字カードから2種類（たとえば「2」と「6」の計8枚）、絵札から1種（たとえば「Q」の計4枚）を抜き出して、計12枚のカードにして使うとよいでしょう。

12枚のトランプを子どもに渡し、「仲間集めをしてごらん」と促します。トランプは「色別」「数字別」「マーク別」と、少なくとも3つの方法で分けることができます。その他、「丸っこいマークと角があるマーク」という分け方をする子どももいるかもしれません。子どもなりに分類したら、「どうやって分けたの？」と聞いてその理由を説明させましょう。きちんと分けられていたら、「ちゃんと分けられたね」とまずほめてあげてから、さらに「じゃあ、もう一度、今度は別の分け方をしてごらん」と言うのです。別の分け方ができたら、「もっと別の分け方はない？」と聞き、子どもがさまざまな観点からトランプを再確認するように導いていきましょう。

このことにより、子どもは「共通点は1つではない」ことや、「色々な見方をすると、違うものが見えてくる」ということを学んでいくのです。

38 1つのものを、みんなで分けよう

数

友達とおやつを分けたり、みんなのコップにジュースを注いであげたりと、「分ける」ことは、子どもにとって極めて日常的なことです。しかし、正しくみんな公平に分けられない子どもも多いのではないでしょうか。

ものによって方法は異なりますが、子どもにとって**比較的簡単なのは、1つずつに分かれていないものを人数分に、できるだけ同じ量になるように分けること**。たとえばジュースをみんなに注いだり、ケーキを切り分けることなどがこれに当たります。このように分かれていないものを、「連続量《れんぞくりょう》」と言います。

2～4個のコップを出して色水を等分したり、ひもを2等分、4等分にしたり、1枚の折り紙を4等分したりと、さまざまなもの、さまざまな方法で「連続量の等分」をやらせてみましょう。慣れないうちはなかなか「みんな同じ量」にならないものですが、そんなときは「これは少ないね。けんかになっちゃうよ」などと指摘します。

それぞれが同じ量になるように確認しながら調節できるよう、くり返し行いましょう。こうした活動が「わり算」の基礎を作るのです。

39 バラバラのものを、みんなで分けよう

数

「連続量の等分」と比べて、カードやキャンディ、おはじきなど、複数個あるものを人数分に等分することをやらせてみましょう。これを「分離量《ぶんりりょう》の等分」と言います。たとえば4枚の皿と12個のキャンディを用意し、「みんなに分けて」と子どもにやらせると、とりあえず適当にキャンディをつかんで皿にのせてしまいがちです。こんなときは「みんな同じ数になるように分けるには、どうすればいい？」と聞いてください。そして、**1つずつ順番に皿にのせ、等分する方法が見つけられるようにします**。次に、皿を4枚、キャンディを15個と、余りが出る数にして等分させます。すると、多くの子どもは1つずつ皿にのせていき、余った3個を3皿分にのせてしまいます。そのときは「それではみんな同じ数ではない」ことを指摘し、「余りが出ていい」ことを確認します。この練習により、小学校でつまずきがちなわり算にもスムーズに入れるようになります。

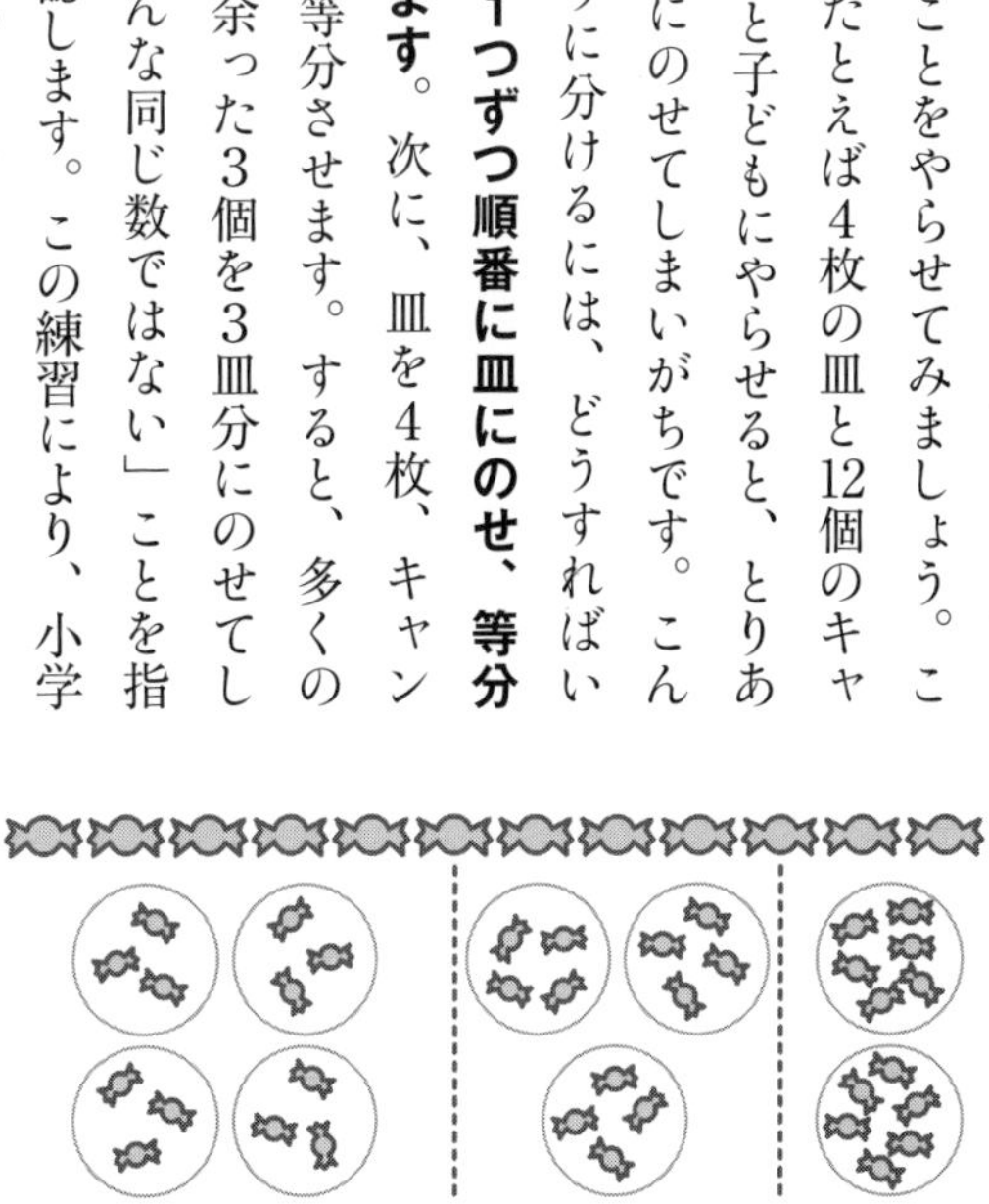

40 お話を作ってみよう

言語

幼児の言語学習は、「名詞」や「動詞」などの語彙を増やす「言葉の学習」と、きちんと話を聞いて理解する「話の内容理解」、そして「お話づくり」と、大きく3つに分けることができます。いずれの場合も、**幼児期に「文字の読み・書き」は直接の問題にはしません**。お話を聞かせたり、絵を使ったりしながら、練習をします。

読解力につながる「話の内容理解」は、絵本の読み聞かせが重要な柱になります。いつも通りに絵本の読み聞かせをしたら、「誰が出てきた？」と質問します。単に登場人物を聞くのではなく、「出てきた順に言ってみて」と、時間に従って答えるようにしたり、特定の登場人物について、「最初にどこに行った？」「まず何をした？」などと細かく質問をするのもよいでしょう。

「ウサギさんとクマさんは、リスさんとキツネさんがけんかをしたことについて話しました」など、動物がたくさん文中に出てくるけれど、実際に登場するのは一部だけ（この場合だとウサギとクマ）、というような、少しひねったお話を聞かせて答えさせるのも、聞く力を養いますので、取り入れてみてください。

作文などに必要な文章力につながる「お話づくり」について、こぐま会では時系列の異なる4枚の絵を見せて、正しい順番に並べてお話をする、という取り組みをしています。家庭で実践する場合は、文字のない絵本を使って話を作らせたり、1枚の絵を見て前後のお話を作るなど、さまざまな方法で実践できます。

「お話づくり」で気をつけていただきたいことは、言葉の使い方です。日本語の話し言葉は、主語がなくても通じるという、他の言語にはない特性があります。特に幼児はこの傾向が強いといえます。

しかし、**「お話づくり」では「誰が何をした」という、主語と述語をはっきりさせること**がとても大切です。たとえば、チューリップの絵を見せて「お話づくり」をやらせたとき、「チューリップを植えたの」という言い方をしたら、「誰が植えたの？」と確認するようにしてください。「自分」という子どもがいる一方で、「森のクマさん」と架空のキャラクターを主人公にする子どももいます。主語をはっきりさせることとは、話の登場人物を決めることです。登場人物が決まればお話はより大きく展開していくことを実感させるのも、「お話づくり」の意義であり、楽しさなのです。

41 指を使って遊ぼう

その他 「手先の巧緻性」

幼児にとって大切な取り組みに「手先の巧緻性《こうちせい》」があります。これは、指先を器用に使って細やかなことができるかどうか、ということ。手先を器用に動かすことは、小学校に入学してから鉛筆を使って字を書く練習につながる、脳を刺激しその発達に役立つと、さまざまな効果が期待できる上、生活の中で簡単に取り組めるので、家庭での幼児教育にはまたとない取り組みといえます。

手先を使った取り組みで代表的なものは「箸」「ひも」「はさみ」の3つ。それぞれどのようなことができるかをあげてみましょう。

●箸

・箸でつまみ、色々なものを皿から皿へ移す……スポンジを切ったものやマシュマロなど、柔らかくて大きなものから始め、だんだん硬くて小さいものに移行し、最終的には大豆などがつまめるようにします。

●ひも

・4本のひもを結んで輪を作る。
・鉛筆など何本かの棒を束ねて結ぶ……最初は普通の結び方（いわゆる〝こま結び〟）で構いませんが、できるようになったらちょう結びにします。
・何冊かの本を重ねて縛る。
・はちまきを自分の頭に縛る……見えないところに結び目を作るのがポイントです。エプロンでも構いません。
・穴の開いた紙にひもを通す……2×6、または4×4の方眼状に穴の開いた厚紙を使います。見本を作り、同じ形になるようにひもを通させます。

●はさみ

・折り紙を細く切る。
・さまざまな素材のひもを切る。
・紙に描いた図形や絵を切り抜く。

42 1番は誰？～3人の中から決めよう～

未測量

「大きい・小さい」「多い・少ない」「重い・軽い」「長い・短い」とさまざまな量の感覚と、それぞれの比べ方を学んできた未測量ですが、このステップからは新しい領域に入ります。それが「三者関係《さんしゃかんけい》」です。

2つのものを比べて「どちらが大きいか（または多い、重いなど）」と判断するのは、比較の方法を理解すれば、それほど難しいことではありません。

「三者関係」では、3つの順位を決めるのですが、**比較の対象が3つになると、幼児はとたんに混乱してしまいます**。たとえば「3人の中で1番足が早いのは誰？」を決めるとき、最も確かなのは3人で一斉に競争することです。しかし、そうではなく「競争するのは常に1対1」だった場合、1番はどうやって決めればよいかを考えさせてみましょう。

一度に2人ずつしか競争できないという条件の元で、どうすれば3人に順位をつけられるでしょうか。3人いっぺんに競争できないのだから、1回で結論を出すことは不可能です。とすると、まずAとBが競争し、次にAとC、BとCというように、3

回競争し、その結果を見なければなりません。

ところが、AとBで競争したらBが勝った、BとCではCが勝った、AとCではCが勝ったという結果が出たとき、「1番早いのは誰？」と聞いてみると、「BとC」と答える子が出てきます。幼い子どもは1つのことにこだわると他が見えなくなると説明しましたが、三者関係でも同様に**1回1回の勝った結果にこだわり、全体を通して考えることができず、正解にたどり着けない**のです。

この場合、Cの相手が誰かということを常に見ながら、関係を考えていくことが、問題を解くカギになります。そして、1位を見つけるだけでなく、A、B、Cの順位も正確につけられるようになるのが目標です。

三者関係を理解させるには、親子、あるいは友達3人とじゃんけんさせるのもよい方法です。この場合は2人ずつの総当たり方式でじゃんけんをし、誰が1番勝ったか、誰が1番負けたのかを考えさせます。先ほど説明した競争の例とは異なり、実際に勝った人と負けた人がいて、それぞれ人の勝った回数と負けた回数に注目すればよいので、より早く正解にたどり着くことができるでしょう。

43 「シーソー」で比べよう

未測量

2つのものをのせると、重いほうに傾くシーソーは子どもにもわかりやすく、重さ比べが理解しやすい道具です。これを使って三者関係を学ばせてみましょう。

シーソーは2つのものをそれぞれ両端にのせると、重いほうが傾くという単純な構造です。**子どもには、まずその構造を理解させましょう。**

最初に、大きさが同じで重さが異なる小さな箱を3つ用意します。そのうちの2つをシーソーにのせ、「2つのものをのせると、重いほうに傾く」ということを子どもに見せ、シーソーの仕組みと共に「どっちが重かったか」を理解させます。

続いて、「じゃあ、この3つのうち、1番重いのはどれかな？　シーソーで調べてみよう」と促し、やらせてみます。

子どもはわけもわからず次々とシーソーにのせることでしょう。そのとき、「これはこっちより重いね」「今度はこっちのほうが重いね」と**そのたびごとに言葉をかけ、「どっちが重いか」を意識させます**。そして、ある程度子どもが試したら、任意の2つを取り、「じゃあ、この2つのうち、どっちが重いか調べてみよう」と促します。

そして、重いほうがわかったら、「じゃあ、重いほうとこっちに残ったものを比べてみよう」と言って試させます。もし、最後にのせたものが重ければ「これが1番重いね」になりますし、反対に軽ければ最初に比べたときに重かったほうが1番重いことがわかります。2つのものの重さ比べをしながら、「こっちのほうが重い」をいちいち指摘して確認させることで、「比べて重いほうを残していけば、最後に残ったものが1番重い」ということがわかっていくのです。

下記にあるような「シーソーの図を見て比べる」という問題になると、子どもは混乱しがちです。そんなときは、もう一度実際にシーソーを操作して、自分で触れ、目で見て確認させることです。実際のものでは理解しても、紙に描かれたものではわからなくなるのは幼児によくあることです。いつでも事物に戻り、五感で確認することが、幼児の学習には欠かせないということを、どうぞ忘れないでください。

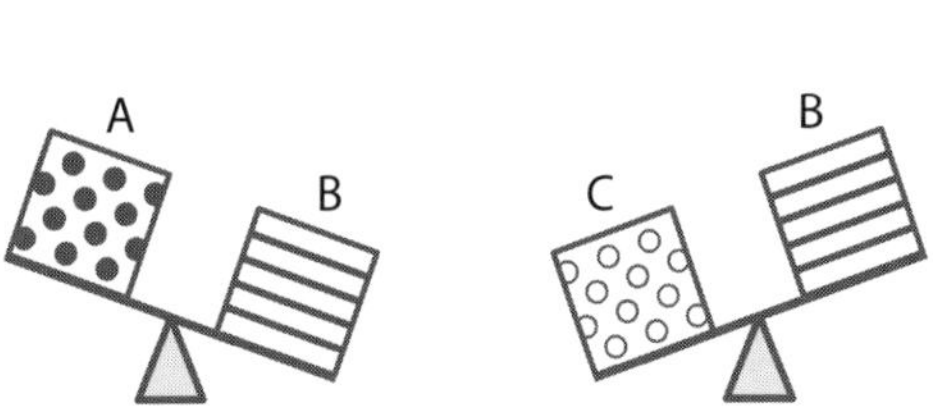

A ＜ B ＜ C

44 違う場所からお絵描きしよう

位置表象

たとえばテーブルの中央に花瓶に生けた花が置いてあったとします。正面から見れば大きな葉を背にした色とりどりの花が見えますが、反対側から見ると葉にさえぎられて花はほとんど見えません。このように、たとえ同じものであっても、見る場所によって見えるものや形が違うものです。

大人にとってはごく当たり前のことですが、幼児にはなかなか理解できません。「自分が見えているものがすべて」と思いがちで、「自分に見えているものが人には見えないことがある」ということが受け入れられず、トラブルになることもあります。

しかし、**1つのものでも違う場所から見ると見え方が変わるという認識を持つこと**は、勉強だけでなく人間的な成長のためにも必要なことといえます。

そこで実践したいのが、「四方観察《しほうかんさつ》」です。

ヤカン、あるいはポット、急須など注ぎ口のついた物をテーブルの中央に置き、見えた通りに写生をします。描けたら、今度は違う場所に座り、そこから見えたヤカンを写生します。他の子どもと一緒に実践できるなら、4人でヤカンを囲むように四方

Step 1 Step 2 Step 3 Step 4 Step 5 Step 6

に座り、それぞれ違う場所から写生するとよいでしょう。

注ぎ口が右を向いているもの、左を向いているもの、正面を向いているもの、そして注ぎ口が見えないもの。描き上がったヤカンの絵は、4つのパターンになります。これを子どもと一緒に見ながら、「同じヤカンを描いたのに、違う絵になったね」とまずは確認させます。そして、「なんでこんなに違うんだろう?」と聞いてみましょう。子どもはきっと「違う場所から描いたから」と答えることでしょう。そうしたら、「そうだね、見る場所が違うと、同じものでもこんなに見える形が違うんだね」と再度確認させます。この経験を積むことで、「見る場所が変われば、見え方が変わる」ことを実感として覚えていくのです。

「四方観察」をするときは、「形が左右対称でないもの」を使うことがポイントです。表裏で色や柄が違うものでも「違う場所から見ると見え方が異なる」経験はできますが、形自体が大きく異なるもののほうが驚きと発見につながります。

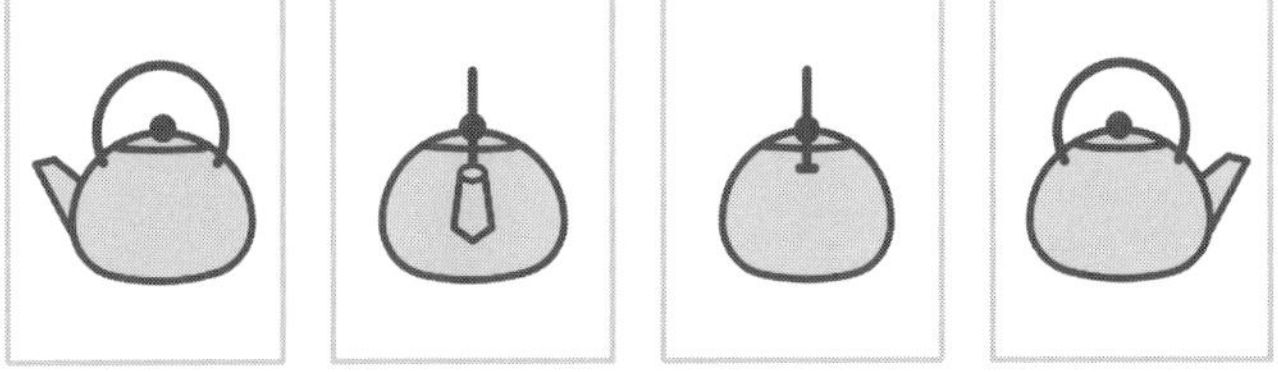

45 「どこから見たの？」を探そう

位置表象

44（150ページ）の「違う場所からお絵描きしよう」のように、1つのものを4つの方向から見て描くと、違う形の絵が4枚でき上がります。この4枚の絵を使って、さまざまな観点から「四方観察」を実践してみましょう。

まず、任意の1枚の絵を取り、「これはどこから描いた絵でしょう」と言って、描いた場所を当てさせます。これは絵を見て、どの方向から見ているのかを推理させる取り組みですが、幼児にはなかなかわかりません。特に、ヤカンのように注ぎ口が右向きの絵と左向きの絵の区別ができないことが多くあります。

正解が答えられない場合は、絵を持ったままヤカンの四方に立ち、それぞれの場所から見えるヤカンの形と、絵を見比べさせます。それでも「注ぎ口が右側と左側」は難問で、注ぎ口が反対側を向いているにもかかわらず「ここから描いた」と答えてしまうことがよくあります。そんな場合は、「よく見てごらん、ヤカンの注ぎ口はどっちに向いている？」と指摘し、気づかせてやることが必要です。

絵を見て描いた場所を当てさせることができたら、次は自分以外の人が見ている形を4枚の絵の中から当てさせてみましょう。

親が任意の位置に立ち、「お母さんが見ているヤカンの形を絵の中から選んで」と言います。すると、多くの子どもは自分が見ている形の絵を選んでしまうのです。これはよくある間違いなので、「違うよ！」と強く否定しないことです。「その絵を持って、お母さんのところまで来てごらん」と言って絵を持ってこさせ、「お母さんが見ている形と、○○ちゃんが見ている形は違うね」と指摘してやります。その上で、位置を変えてもう一度やらせてみましょう。

幼児期の子どもは、間違いを指摘されても2回、3回と同じ間違いをくり返すことがよくあります。しかし、それはごく当たり前のこと。見ている側としてはじれったくなることもあるでしょうが、焦らず、怒らず、じっくりと取り組んでください。

この**「四方観察」は「さまざまなものの見方を考える」訓練であり、「人の立場に立ってものを考える」という思いやりの第一歩にもなる、**とても大切な学習ですので、ぜひくり返し行いましょう。

46 形を分けてみよう

図形

正方形の色紙を折ってさまざまな形を作る折り紙は、家庭でも図形の基礎となる学習ができる、とてもよい素材です。ここでは「折って遊ぶ」のではなく、「切って遊ぶ」ことをやらせてみましょう。

まず、左図のように、折り紙に線を引いたものを用意し、その線と同じように切らせます。そして、「どんな形がいくつできた?」と聞いてみるのです。「ま四角2個、長四角1個」「大きい三角が1つと小さい三角が2つ」などと答えることができたら、今度は「切った形を組み合わせて、元の形を作ってみよう」と促し、切った折り紙をパズルのように組み合わせ、元の正方形の形を作らせます。

これにより、「正方形を切り分けると、他の形ができる」ことを経験させるのです。

続いて、今度は線のついていない折り紙を使って、さまざまな形を切らせてみます。最初は少し簡単な問題、たとえば「長四角1つと、ま四角2つを作ってください」程度のレベルから始めるといいでしょう。「ま四角1つ、長四角1つ、三角2つ」「三角2つと、長四角2つ」など、言葉で指示して、その通りのものを作ることができるように、何度もくり返し練習をさせましょう。

そして、切り取った三角形や長方形、正方形を並べたら、続いて「じゃあ、これをまた組み立てて、ま四角を作って」と、切った形を組み合わせて、元の正方形を作ることをやらせてみます。

こうして1枚の折り紙からさまざまな形に切り分けたり、また元通りの正方形に戻すことをくり返し行ったら、次のステップです。

今度は1枚の折り紙から「同じ大きさの三角形を8枚」作ります。子どもができるなら子どもに、できないなら親が作りましょう。そして、8枚の三角形を使って、さまざまな形を作らせてみましょう。「8枚の三角形を使って同じ大きさの三角を2つ（または4つ）」などの簡単な問題から始めて、親が紙にさまざまな形を描き、「同じものを作ってごらん」と少々難問をやらせるのもいいでしょう。

この経験を積むことで、**「一見複雑な形でも、三角形の集合に分割することができる」ことがわかれば、**小学校高学年で学ぶ「複雑な形の面積」を求めるときに役立ちます。

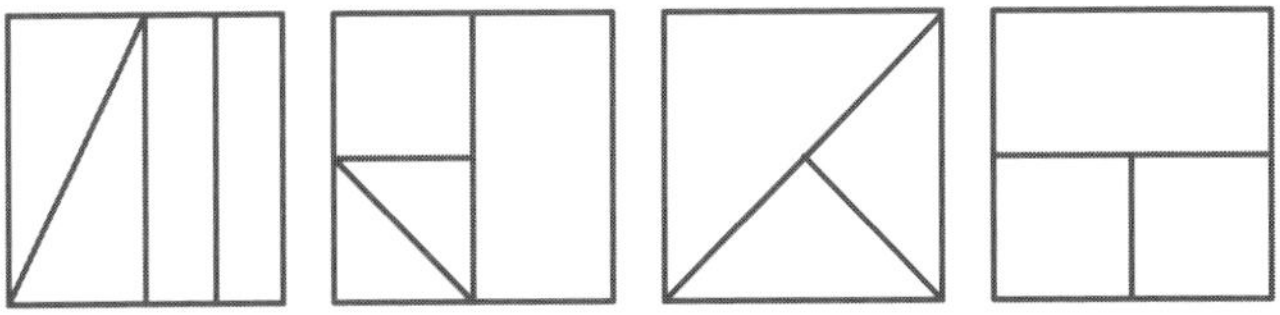

47 「お客さんごっこ」をしよう

数

26（116ページ）の「組み合わせて完成させよう」で説明した「一対一対応」とは、「1つに対して1個」でした。「箸1膳に箸置き1個」「コップ1つにストロー1本」と、幼児にとって生活の中で経験していることが多く、理解しやすい概念です。

しかし、「みんなに配る」のは常に一対一対応ではありません。「5人いる友達に、1人あたり2個ずつキャンディを配る」など、「1あたりいくつ」という場面も多くあります。これを「一対多対応《いちたいたたいおう》」と名づけました。**「一対多対応」はかけ算の基礎となる考え方を含んでいるので、幼児にもわかりやすい方法**で慣らしていきましょう。

幼児でもすぐに「一対多対応」が実感できる方法は、「お客さんごっこ」です。

まず、「お客さんが5人来るから、おもてなしの準備をしましょう」と提案します。続いて、「お客さんにはコップを1つずつ、キャンディを2個ずつと、みんなで遊ぶために折り紙も3枚ずつ用意してください」と具体的に指示します。お客さん5人に指示されたものを配るには、それぞれいくつずつ用意すればいいのかを考えさせるのですが、子どもは最初のうち適当な数を持ってくることがあります。

しかし、このとき「違うよ」と指摘するのではなく、多かった場合は「いくつ余った？」と聞き、反対に少なかった場合は「いくつ足りなかった？」と聞いてください。それぞれの過不足分を答え、それぞれに正しい量を配り終えます。

先の例でいえば、5人のお客さんに対してコップは1人あたり1個で5個、キャンディは1人あたり2個なので2×5＝10個、折り紙は同様に3×5＝15枚用意するのが正解です。

今、小学生で文章題が苦手な子どもが増えています。それにはさまざまな原因が考えられますが、「文章を読んで問題の意図を汲み取り、式を作る」という力がないことも大きな理由のひとつです。たとえば、**「2×5」と「5×2」は答えが同じでも意味は違う**のです。

小学校に上がり文章題に取り組んだときも迷わずに式が作れるよう、「1人あたりいくつ」を考えさせる機会を生活の中で作り、「一対多対応」の経験からかけ算の考え方を身につけさせましょう。

48

タイヤは全部でいくつ？

数

「○人のお客さんに、色々なものを決められた数だけ配る」という「一対多対応」をしたら、今度はタイヤのない車の絵を見て、いくつのタイヤが必要なのかを考えさせます。車は自動車（タイヤ4個）、三輪車（タイヤ3個）、自転車（タイヤ2個）の3種類を用意し、それぞれ「自動車3台にタイヤはいくつ必要？」「三輪車2台にタイヤはいくつ？」「自転車5台にタイヤはいくつ？」と聞いていきます。

これも、「1台あたりのタイヤの数×何台分」というかけ算の基礎を身につけることができる取り組みです。**幼児はかけ算を知らないので、おはじきなどを使って**「おはじき4つ（自動車1台あたりのタイヤの数）のグループを3個作る」という作業を通して、「一対多対応」を身につけていきましょう。

49

数のかたまりを作ろう

数

　車のタイヤの数を考える取り組みをしたら、「袋づくり」をやらせてみましょう。これは、「3つの袋に3本ずつ鉛筆を入れるには全部で何本の鉛筆が必要か」を考えさせます。これができるようになったら、今度は「9本の鉛筆を3本ずつ袋に入れるには、いくつの袋が必要ですか」と、逆の問題を考えさせます。

　最初の取り組みが「1つあたりの個数×いくつ分」というかけ算を使って全体の数を求める「一対多対応」なのに対し、2番目の取り組みは全体をいくつずつか同じように分けるわり算を使った考え方で、難しい言葉でいうと「包含除《ほうがんじょ》」と言います。

　かけ算・わり算というと、就学前の幼児には難しい問題のように思えますが、こうして具体物を実際に動かすやり方なら、計算をしなくても正解にたどり着くことができます。幼児期に必要なのは、数字を操って正解を導きだすことではなく、**自分で物を動かしながら正解を見つけ、数学の基礎を体験すること**。計算や数字には捉われないことが大切です。

50

みんなに同じ数だけ分けよう

数

ここまで見てきたように「一対多対応」では、さまざまな問いかけをすることができます。「1人にいくつあげればいい？」という問題は、おもちゃやお菓子の取り合いが起こりやすい幼児期だからこそ、子どもの気持ちを引きつけるのだといえます。

中でも子どもが強い関心を持つのは、38（140ページ）の「1つのものを、みんなで分けよう」のように、みんなで公平に同じ分だけ分け合うことです。

39（141ページ）の「バラバラのものを、みんなで分けよう」では、たくさんあるキャンディを全員に配る方法を体験しました。「一対多対応」をいくつか経験した後は、これをもう一歩進めて「みんなに同じ数だけ分ける」をやらせてみましょう。

これは、実際に友達が来たときにやってもいいのですが、最初のうちは人形やぬいぐるみなどを友達に見立ててやるとよいでしょう。

15個のお菓子を用意し、「4人にけんかしないように分けてね」とお願いをします。すると、トランプのように1個ずつ配る子ども、とりあえず2、3個ずつ配る子どもと、さまざまなやり方が見られることでしょう。このとき、「同じ数ずつ配らないとわからなくなっちゃうよ」と声をかけてもいいかもしれません。どんどん配ってしまう子どもは最後の1人に4個目を配ることができず、「1個足りない！」となります。そうしたら、「そう、1個足りないね。じゃあ、いくつ多かったのかな？」と反対に聞いてみます。わからなければ、「みんなに3つずつ配ると、いくつ余る？」と聞き直してもよいでしょう。また、慎重に配っていた子は、手元に3個残った段階で「3つ多い！」と言います。今度は逆に「そうね、3つ多かったね。じゃあ、4つずつ配ると、いくつ足りなくなる？」と聞くのです。

このように、**さまざまな視点から「一対多対応」を経験することで、かけ算やわり算の感覚が養われていきます。**

「みんなに平等に分ける」やり方は、「全体をいくつかずつに同じように分ける〝包含除〟」に対し「全体をいくつか同じように分ける〝等分除《とうぶんじょ》〟」と言います。たとえば「12個のみかんを3人に同じ数だけ配ると、1人分は何個ですか」が等分除、「12個のみかんを3個ずつ配ると何人に配れますか」が包含除で、答えは同じでも単位が変わってきます。このように混乱しやすいわり算の芽を、幼児の時期から養うのが、「一対多対応」の取り組みです。

51 お話を聞いて覚えよう

言語

16（101ページ）の「お話を聞いて当てよう」でも説明した通り、幼児にとって「聞く力」はとても大切です。

小学校低学年くらいまでは「集中して人の話を聞くことができるか」ということばかりが注目されがちですが、**「聞く力」は文章を読んで理解する読解力の基礎。そのため、より正確に聞く練習は、幼児のときから欠かせません。**

では、「聞く力」を鍛えるためには、生活の中でどのようなことをすればよいでしょうか。

そのための取り組みに、「聞いて覚える」があります。読み上げた短い文章を覚えて復唱するため、「短文復唱《たんぶんふくしょう》」と言います。幼児期から百人一首や俳句、論語を暗唱させるといった幼稚園や幼児教室が注目を集めたことがありました。そのため、せっかく「短文復唱」をするなら、このような古典や名文に取り組ませたいと思う方もいらっしゃるかもしれません。

しかし、実際に子どもがスムーズに覚えられ、楽しく取り組めるのは、生活の中で触れているものや、自分と同じ子どもやかわいい動物が登場するような、親近感のある文章です。また、言葉にリズムがあり、読んでいて気持ちがいいというのも重要なポイントになります。さらに、「誰がどうした」と、主語・述語がしっかりしている文章ならより学習効果は高いでしょう。

詩人の谷川俊太郎さんの作品は言葉が美しくリズミカルで、オノマトペが取り入れられているので、子どもにも覚えやすく、楽しくできるのでおすすめです。

やり方は親が音読した短文を、その通りに復唱するという、いたって簡単なもの。とはいえ「てにをは」の助詞を間違えずに言ったり、登場人物が複数いた場合、その関係性を正しく言うのは、幼児にとって難しいものです。

慣れてきたら、やや長い文章にも挑戦しましょう。その際、「こぐまのコロちゃんは今日、山に栗拾いに行きました」というように、主語・述語がはっきりとした少し長めの文章にするとよいでしょう。

できるだけ正確に復唱するのが目的なので、読み上げるときははっきりとした発音でゆっくり読むなど、子どもが聞き取りやすいよう、親の工夫も欠かせません。

声の出し方に意識を向けて、わかりやすく、楽しく取り組みましょう。

Step 1　Step 2　Step 3　Step 4　Step 5　Step 6

52

どんなお話だったかな？

言語

文章を正しく聞き取ることができても、その内容を誤って覚えていては意味がありません。大切なのは、正しく話の内容を理解することです。そこで、「短文復唱」ができるようになったら、次に「話の内容理解」へと進みましょう。

ここで**大切なのは、「細かいところまで覚えて理解しているか」ということ**。そのため、登場人物が多かったり、話の中で語られている事柄について、実際に行動している人とそうでない人がいるなど、さまざまな質問がしやすいお話を選ぶようにしましょう。

読み聞かせをしたときも、読み終わった後に「今のお話の中で、優しかったのは誰？」などと質問するのもいいでしょう。

こぐま会では、「話の内容理解」の学習をするときに、絵カードを利用しています。聞いた話の内容と違うところを探せるようになっているもの、足りない部分があって書き足せるようになっているもの、物語の順番に並べ直しができるもの、あるいは「一番親切だったのは誰？」というような質問に答えられるようなものなど、さまざまなカードがあります。

家庭ではこうした絵カードを利用することはできないので、たとえば「今聞いたお話で、一番覚えているところを絵に描いてみよう」と促したり、あえて話を途中でやめて、「続きはどうなるか、考えて聞かせて」と提案するなど、さまざまな工夫が考えられます。家庭でできることで、楽しく取り組んでみてください。

読み聞かせだけではなく、「ももたろう」「花咲かじいさん」など、昔話を語って聞かせているという方もいることでしょう。その場合は、「今日はお母さんにお話を聞かせて」と言って、代わりに子どもに語ってもらうのも、とてもよい取り組みです。細かいところは多少変わっていても構いません。物語の流れや結末が合っていれば、話の内容をきちんと理解していると判断してよいでしょう。その上で、登場人物について「なぜこういうことをしたんだろう」と聞くなどして、さらに深く理解しているかどうかを試してみるのもよいことです。

子どもには「お気に入りのお話」があるものですが、それについてお絵描きをさせるのも効果的です。「お話がわかるように描いて」と言って、できるだけ内容を盛り込んで描かせると、話の理解がさらに進みます。

53 「次はどうなる？」を考えよう

その他「推理」

布地などの柄は、一定の法則に基づいて同じ色や柄がくり返されることで模様が完成されています。その代表が、学生服などでもおなじみのチェック柄です。

こうした法則性を見つけ、確認し、次にどんな色や柄が来るのかを考えることは、「推理する力」を養います。

赤、青、黄、緑の4色のおはじきを使い、ある法則に従って並べます。

たとえば、赤↓青↓黄↓赤↓青↓黄↓赤　と並べておいて、「次は何色？」と聞くのです。1つの例だけではなく、こうして並べた横に、赤↓青↓赤↓黄↓赤↓青↓赤↓黄…と並べたものや、赤↓青↓黄↓赤↓緑↓赤↓青↓黄↓赤↓緑…と並べたものも用意し、同じように〝次の色〟を考えさせるのです。

これを解くには、「しっかり観察すること」と「法則を見つけること」、そして「よく考えて次に来るものを推理すること」と、段階を踏んで3つの力が必要になります。

観察力と推理力が鍛えられる上、簡単に取り組めるので遊びながら実践しましょう。

おはじきができるようになったら、次は立方体を使った「回転推理《かいてんすいり》」を行います。

こぐま会では4面に色のついた立方体を使い、「右に3回まわすと、上に来るのは何色の面か」「このとき、下に来るのは何色か」「上に赤い面を出したいときには、右に何回まわせばいいか」などを考えさせています。

最初に説明したおはじきの並び方を推理させる取り組みとは異なり、立体になった分、右回りと左回りでは表れる順番が変わるので難しいのですが、子どもが実際に動かすことで好奇心をくすぐり、熱心に取り組んでくれる課題です。

家庭で取り入れるなら、立方体の積み木を使い、上下を除いた4面それぞれに違う色のシールを貼り付けて行うといいでしょう。

準備の必要がないという意味ではサイコロを使うのが簡単ですが、数を答えなければならないため、子どもにとっては難易度が上がってしまうので、充分に慣れてから行うのがおすすめです。最初から難易度が高いものをやらせてしまうと、苦手意識が芽生えてしまい、やる気がなくなってしまう恐れがあります。易しいことから少しずつ始め、「できた！」を積み重ねて難易度を上げ、将来的には高度な課題に取り組めるようになることを目指しましょう。

Step 1 Step 2 Step 3 Step 4 Step 5 Step 6

54

「ぴったり」を探そう

未測量

Ｓｔｅｐ１の未測量から、大きさや長さ、重さの比べ方などを説明しました。これらは「算数」が始まればすべてｍやｇなどの「単位がある量」だということがわかります。しかし、生活の中では「単位のない量」というものがあります。たとえば、童話『三びきのくま』のように、大・中・小の３つの椅子と、大きなクマ、中くらいのクマ、小さなクマの３匹がいるとき、どの椅子が誰のものかを当てることは、「量を把握して関連づけ、系列化する」という作業が必要になります。

このように、量の多いものから順番に対応させていくことを「順対応《じゅんたいおう》」と呼びます。言葉は難しいのですが、先の例を見てもわかるように、子どもにとって身近でわかりやすい概念といえるのではないでしょうか。

家庭で実践するなら、家族が実際に使っている身近なものを使うのがおすすめです。たとえば、大きさの違う４つの靴下やＴシャツなどを並べ、「どれがお父さんのもの？」と聞きます。それができたら、家族それぞれのものを選ばせることもやらせてみましょう。この他、長さの違うベルトを５本用意し、お腹周りのサイズが違う５

人の人の絵や写真を見せて「誰にどのベルトをあげればいい？」と聞いてみたりと、さまざまなやり方ができます。

特定の1人を指差し、「この人に合うベルトはどれ？」と当てさせるのもいいでしょう。

このように、**目の前にあるものの量と別のものの量を関連づけて考える「順対応」は、日々の生活の中で養われる感覚**です。特に「体の大きいお父さんには大きな茶碗のご飯を渡す」「大きな鍋には大きなフタをのせる」など、家事の中にはたくさんの「順対応」があります。まだお手伝いをやらせるのは早いと考える人も多いかもしれませんが、親を手伝って簡単な家事をすることは、子どもを大きく成長させてくれます。多くの経験をさせてくれるお手伝いを、子どもの発達に合わせてできることからやらせてみるとよいでしょう。

55 少しはたくさん、たくさんは少し

未測量

量の多い・少ないを表現する言葉に「たくさん」がありますが、この表現は必ずしも実際に目に見えている状況を表しているわけではありません。少々混乱してしまうかもしれませんが、元々同じ量が入っていた「飲みかけのジュースが入ったコップ」を想像してみてください。1つのコップにはジュースが〝たくさん〟残っています。それに対し、もう1つのコップには、ジュースがほんの少ししか残っていません。

「コップに入っているジュースの量」が多いのは言うまでもなく前者です。しかし、「飲んだジュースの量が多いのは、どちらのコップですか?」と質問を変えれば、正解は後者、「ほとんどジュースが残っていないほう」です。

すなわち、**「たくさん残っているものは、少ない、少ししか残っていないものは、たくさん」ということが成り立ちます**。これを「逆対応《ぎゃくたいおう》」と言います。

説明すると複雑に感じられるかもしれませんが、「並んだ皿のうち、たくさん料理が残っているものは人気がなく食べてもらえなかった。少ししか料理が残っていないものは、おいしかったのでたくさん食べてもらえた」など、日常生活に置き換えてみ

れば、よくある光景だと理解できるのではないでしょうか。

子どもに対しても同様に、身近な例を探し、実際に見せたり触ったりさせることで理解が深まります。絵などだけで理解させようとしても、難しいことでしょう。

「逆対応」を身近に経験しやすい例をあげてみましょう。

・さまざまな量の水やジュースが入ったコップをいくつか並べ、残った量から飲んだ量を当てさせる。「たくさん飲んだのは、どれ？」。
・さまざまな長さのローソクに火をつけ、燃えたローソクの長さを当てさせる。「1番燃えたローソクは、どれ？」。
・水がたっぷり入ったコップと、少ししか入っていないコップそれぞれに、同じ分量の砂糖を入れ、甘いほうを当てさせる。「どっちのコップの水が甘い？」。

目に見えている量から、目に見えない量を推理するのが「逆対応」。生活の中でさまざまな例を見せ、感覚を養いましょう。

56

どのボトルから注いだの？

未測量

「量が少ないものほど、たくさん使った」を推理して判断する〝逆対応〟。先にも説明した通り、生活の中で実物を使ってやってみると、幼児でも理解しやすくなります。

「順対応」「逆対応」共に、算数の文章題を理解するときに欠かせない論理性はもちろんのこと、話をよく聞いて理解することが必要なため、読解力や判断力も養ってくれる、幼児期から取り組んでいただきたい課題です。

「逆対応」が理解できるようになったら、少し難易度を上げてみましょう。

まず、同じ量の水が入ったボトルを5本用意します。次に、同じ大きさのコップ5つに、ボトルからそれぞれ多い量から少ない量まで水を注ぎます。そして、左図のようにバラバラに置いて、「どのボトルからどのコップに注いだのか」を考え、当てさせるのです。

大人でも混乱しそうですが、「ボトルからコップにたくさん注いだ」ということは、コップには水がたっぷり入っているけれどボトルの水の量は少ない、という状況になります。これは幼児にとってはなかなかの難問です。

よく見られるのが、ボトルの量もコップの量も多いなど、同じ関係のものを選んでしまうこと。

こうしたときは、親の説明が重要になります。「ボトルからたくさん注ぐと、中の水はどうなる？」と聞きます。「少なくなる」と答えることができたら、次に「たくさんの水を注がれたら、コップの水はどうなる？」と聞きます。「たくさんになる」と答えられたら、「じゃあ、どのボトルからどのコップに注いだのかな？」と聞くのです。このように、順番に1つずつ「逆対応」を確認していくことで、両者の関係を理解し、正解にたどり着くことができるのです。

根気よく、ゆっくりと教えることが幼児にはとても大切になります。くれぐれも親が焦らないよう、注意してください。

57 どう見えるか想像して描こう

位置表象

44（150ページ）の「違う場所からお絵描きしよう」では、4つの方向（前・後・右・左）からヤカンを写生し、同じものでも見る場所によって違う形に見えることを経験しました。次のステップは、「複数のものの位置関係」です。

たとえば、花瓶と、その右側に小さな人形がテーブルに置かれていたとします。これを反対側から見れば、「花瓶の左に人形」となるし、右側から見れば「花瓶の前に人形」、左側から見れば「花瓶の後ろに人形の一部が見える」という状況になります。

自分にはしっかり見えている「花瓶と人形」が、ある場所からでは後ろ側しか見えなかったり、人形がほとんど隠れてしまっていることもある。このことが、幼児にはきちんと理解することができません。親がいる位置からでは隠れて見えないものに対して、「そこにあるでしょ！　取って！」とかんしゃくを起こされたことがある方は多いでしょう。それは「自分には見えるものでも、相手には見えないことがある」「相手が見ている風景を推理し、見えているものと見えていないものを予測する」という認識がないことに原因があります。

2つのものの位置関係をつかむ練習をするには、44（150ページ）のヤカンと同様に、テーブルの上に大きさと形、または色の違うものを2つ置き、正面、反対側、右側、左側の四方から見た形を想像して描かせます。そして、それぞれの絵を見せながら、「これはどこから描いた？」「お母さんが座っている場所からの見え方と同じ絵はどれ？」などと質問します。または、「あなたが座っている場所と反対側だとどんなふうに見えるか、描いてみせて」という質問もよいでしょう。

花を挿した花瓶や鉛筆を立てたペン立てなど、形が左右対称ではないものを使うとさらに難しくなるので、慣れてきたら挑戦してみましょう。

さまざまな「四方観察」を経験することにより、**「自分に見えているものと人が見ているもの」の違いがわかり、「人の立場に立って物事を考える」習慣が身につきます。**このことは人格形成の上でとても大切です。

58 箱を作ろう

図形

理系の学生が幼い頃に必ずといっていいほどやったこと。それはさまざまなものを分解することだといいます。目覚まし時計や計算機など、あらゆるものが対象になるそうですが、そこには「どんな仕組みなのか、知りたい」という理系ならではの好奇心があるように思えます。

そうした理系的好奇心をくすぐる遊びが、「箱づくり」です。

これは、文字通り立体の展開図を組み立てること。紙を切って、折って、のりづけしてと、手先を使った細かい作業が続きますが、こぐま会でも子どもが楽しく、そして集中して取り組んでくれる課題です。

始めのうちは、立方体や直方体など、「箱」の展開図が作業的にも簡単なのでおすすめです。慣れてきたら、円すいなど少し複雑な形に取り組むのもよいでしょう。

きれいな箱に仕上げるためには、展開図が重要です。正確なもの、そして「のりしろ」がついているものを用意しましょう。「のりしろ」がない展開図しか用意できなかったら、切り取って、折った後はテープでとめて仕上げてください。

箱づくりができたら、今度は下図のような展開図を見て、どのような形のものができ上がるのかを想像して当てる遊びをします。

展開図だけでなく、でき上がりの立体も図で見て当てるのは、幼児には少々難しい課題になってしまいます。実際に展開図とでき上がりの立体の両方を用意して、**手で触り、さまざまな角度から観察して展開図と実物を結びつけられるようにしたいものです。**

家庭では難しいかもしれませんが、さまざまな形の箱を2つ用意しておき、1つは分解し、1つは箱のまま取っておくとよいでしょう。また、牛乳パックやチーズの箱など、日常生活でさまざまな形の立体を見つけたら、子どもと一緒に分解して展開図を確認するのも、おもしろい取り組みでしょう。

子どもの好奇心と図形的センス、理系センスを養ってくれるので、ぜひ試していただきたいと思います。

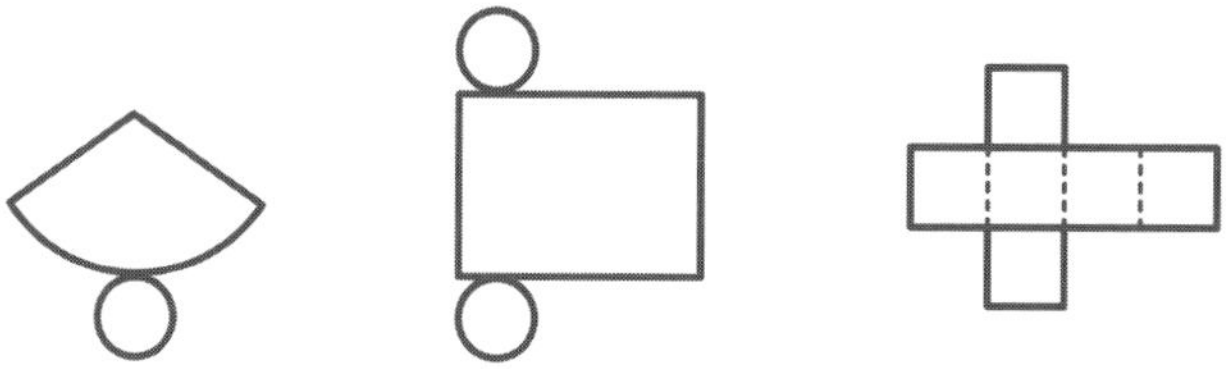

59 折って、切ったらどんな形？

図形

紙を小さく折り畳んでからはさみを入れ、紙を開くとまったく違う形ができ上がる紙細工があります。パーティーや七夕の飾り付けで一度は作ったことがあるのではないでしょうか。仕上がりはもちろん、作っている過程も子どもの好奇心を刺激してやまないこの紙細工、簡単な形のものなら子どもにも作ることができます。しかも、「線対称《せんたいしょう》」という小学校高学年で習うことが、遊びながら体験できるまたとない機会になりますので、ぜひ取り入れていただきたいと思います。

用意するのは折り紙とはさみのみ。折り紙を2つ折りにし、中央にはさみを入れて切り取ります。はさみの入れ方は子どもの自由にさせてよいのですが、最初は三角、四角、半円など、なじみやすい形にするとよいでしょう。

2つ折りにして中央を切り取った折り紙を開くと、切り取った分を2倍にした形の穴ができ上がっています。さらに、切り取った部分を開くと、穴と同じ形のものができ上がります。まずはこれを見て「できたね！」とほめてあげてください。

それから、「どんなふうに切った？」と問いかけてください。「丸の半分を切ったのに、丸になった」というような答えが返ってきたら、「そうだね」と受け止めてから、「じゃあ、今度はひし形（または三角、四角）になるように切ってみよう」と促します。

慣れてきたら、人形、自動車など、子どもの好きな形を作らせてみましょう。さまざまな形を作るうち、自然と「でき上がりを半分に折った形に切り抜く」ということがわかるようになり、「左右がぴったり重なる形（＝線対称）でないとうまくできない」ということが理解できます。

先に説明した通り、「線対称」を小学校で習うのは、高学年になってから。しかし、**幼いうちからこうした感覚を身につけておくことで、図形の理解が早くなります。**

子どもにとって「楽しい工作」になるよう、自由にやらせて「こんな形になったね！」「こんな形を作ってみよう！」など盛りたてて楽しく取り組ませるようにしましょう。

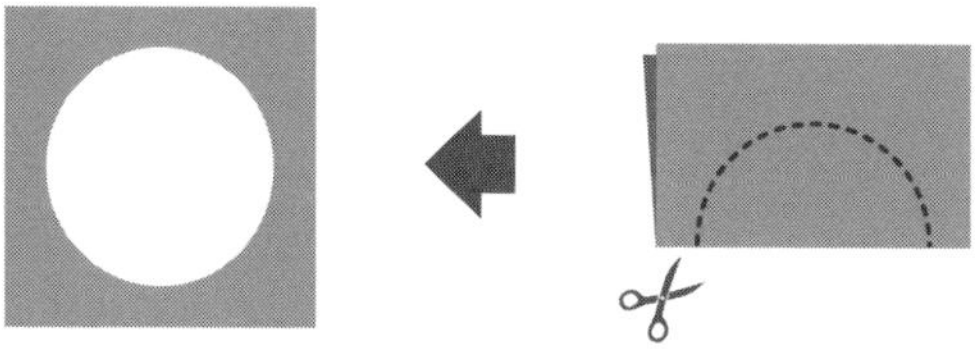

60

「同じ」と「違う」を見つけよう

数

一見まったく違うものでも、見方を変えれば共通点があることに気づくものです。また、似ているように思えても、いくつかの違いを見つけることはできます。

2つのものを比べて似ているものを見つけてグループにすることが「仲間集め」（17 102ページ）、反対に違うところを探すのが「仲間はずれ」です。

では、すべてのものは「仲間」と「仲間でないもの」に分けられるのかというと、そうではありません。2つのものを比べると、同じところと違うところがそれぞれ見つかるのです。たとえば「ゴルフボールとテニスボール」は、「ボール」という点では同じものですが、「硬さや大きさの違い」に注目すると違うものになります。同様に「箸とスプーン」は、食べるときに使うものという点では仲間ですが、素材に注目すると、仲間にはなりません。

このように、さまざまな2つの組み合わせに対し、似ているところと違うところをそれぞれ考えさせてみましょう。

この「共通性《きょうつうせい》と差異性《さいせい》」の取り組みをすると、幼い子どもほど「同じ」と判断する範囲が狭いことがわかります。たとえば、ペットボトルと缶、ガラス瓶を並べて「同じものを探してごらん」と言うと、幼い子どもはペットボトル、それもラベルまで同じものでないと「同じ」と判断しません。ところが成長するに従って、ものの特性や素材などに注目して「同じ」とするようになり、「仲間」の範囲が広がっていきます。

「共通性と差異性」は、生活の中で実践しやすい取り組みです。たとえば、任意の2つのものを並べて「同じところはある?」と聞き、子どもと一緒に考えてみるのもいいですし、8つくらいものを並べ、そのうちの1つを指して「これと仲間のものを探して」とするのもいいでしょう。

大切なのは**同一の組み合わせで「同じところ」を探すと同時に「違うところ」を探すこと**。必ずしも「同じところ」が見つかる組み合わせばかりではありませんが、「さまざまなものには、同じところと違うところの両方がある」ということを知るのは、子どもにとって「1つのものを見るときには、さまざまな角度から見る」という習慣をつけるとともに、「多様性を受け入れる」ことの第一歩になるに違いありません。

61

あといくつで「10」になる？

数

子どもが算数でつまずくきっかけのひとつに、「繰り上がり・繰り下がり」があります。**繰り上がり・繰り下がりがスムーズに解けるようになるには「10の構成」の感覚を身につけること**がとても大切です。「10の構成」が早くできるかどうかは、将来学習する繰り上がり・繰り下がりの計算スピードに関わります。「10の構成」とは、ある数字を見たとき「あといくつで10になるか」がすぐに出てくるようになること。たとえば「4」という数字を見たら、瞬時に「あと6あれば10になる」がわかるようになっていることが重要です。

「10の構成」の感覚を身につけるため、次のような練習をしてみましょう。

まず、皿などの容器と、おはじきを10個用意します。その上で「いちごが6個ありました。10個にするには、あといくつ必要ですか？」など、簡単な問題を出します。

おはじきを使ってこの問題を解くには、「いちごに見立てた6個分のおはじきを皿に入れ、手元に余った分を数える」という作業をやらせるのが最もわかりやすいでしょう。

「10にするにはあといくつ？」という問題がスムーズに解けるようになったら、次のステップに進みましょう。

たとえば、「自転車が10台ありました。4台出ていきました。さて、何台残っているでしょう」というように「10あるものから、ある数だけなくなる」、つまり引き算の練習もよいでしょう。

また、「花子さんは鉛筆を10本持っていました。5本を妹にあげましたが、またお母さんが3本買ってくれました。今、花子さんは何本の鉛筆を持っていますか？」というような10を基準にして数を増減させる練習も、算数の基礎を鍛えてくれます。

これらがスムーズにできるようになり、子どもの意欲も高ければ、さらに難しい取り組みをするのもよいでしょう。下図のような3×3の方眼を作り、「縦3列を足しても、横3列を足しても10になる」という約束で、空白の部分がいくつなのかを考え、その数だけおはじきを置くのです。難しい問題なので無理強いせず、子どものやる気を見て取り組ませるようにしましょう。

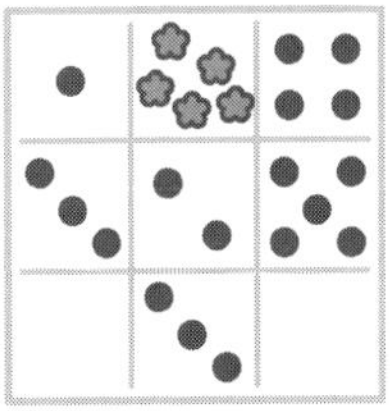

62 「反対言葉」で遊ぼう

言語

「大きい」に対して「小さい」、「長い」に対して「短い」など、日常生活でもよく登場する「反対言葉《はんたいことば》」。本書では〝未測量〟の内容として「大きい・小さい」「長い・短い」「重い・軽い」などを課題にあげてきました。これらに取り組み、理解していれば、反対言葉は自然に身についていることでしょう。

しかし、「広い・狭い」「深い・浅い」など、本書では扱わなかった量の表現がいくつかあります。これらの言葉については、たとえば公園に行ったときなどに「広い公園ね。でも砂場は狭いね」と言ったり、プールなどで「こっちのプールは浅いけれど、向こうは大人用だから深いわね」と言うなど、日常生活の中でできるだけバリエーション豊かな量の表現をすると共に、**反対言葉もセットで言うようにすると、子どもの表現が広がります**。

「反対言葉」の練習をするときは、単に「大きい・小さい」「重い・軽い」というセットを暗記するだけでは充分とはいえません。文章の中で、意味をきちんと把握しながら反対言葉を覚えるようにしましょう。

次のような文章を読み上げ、（　）部分を子どもに言わせるようにします。


「ゾウは大きいけれど、アリは（　　）」

「おすもうさんは重いけれど、赤ちゃんは（　　）」

「新幹線は速いけれど、自転車は（　　）」

また、問題部分を逆にした言い方でもやらせてみましょう。

「アリは小さいけれど、ゾウは（　　）」

「赤ちゃんは軽いけれど、おすもうさんは（　　）」


反対言葉は、**単に「大きい・小さい」というセットを暗記するだけでは意味がありません**。どのような状況なのか、どうやって使うかを理解し、「反対言葉」という概念を身につけることが大切なのです。

遊び感覚で楽しみながら、親子で短文を完成させて、「反対言葉」を使いこなせるようにしましょう。

63 聞いたとおりにやってみよう

言語

子どもが人の話を本当にきちんと聞いて、その内容を正しく理解しているのかどうかを判断するのは、難しいものです。「わかった」と答えておけば大丈夫、などという習慣をつけないためにもやっておきたいのが「聞き取り練習」です。

あらかじめ正方形や三角形を描いた紙を用意し、ちょっと複雑な指示を出してそのとおりに作業させます。

「ま四角を4つの小さなま四角の部屋に分けて、右上の部屋に赤い丸を2つ描いて」

「三角を2つの三角に分け、片方を黄色に塗って」

「丸の中にできるだけ大きなま四角を1つ描いて」

「長四角を縦4つの部屋ができるように分けて、右から3番目を青く塗って」

など、集中して聞いていないと複雑でわかりにくい指示がよいでしょう。

聞き取り練習をすることで、**「話をきちんと聞かないと、間違えてしまうことがある」ことを意識する**と共に、集中力を養います。

64 「くっつき言葉」で遊ぼう

言語

子どもにとって「て・に・を・は」の助詞を理解し、使いこなすのは難しいことです。「〜を」「〜へ」という使い方をする助詞の、「を」「へ」だけ取り出しても、正しい意味や用法を説明すると難しくなるばかりで、子どもには理解できません。

子どもには、**助詞だけを取り出して教えるのではなく、「くっつき言葉」として教えるほうが感覚的に理解しやすく、**しかも早く覚えることができます。

「太郎君は電車（　）乗りました」
「おかあさん（　）買い物に行きました」
「花子さんはジュース（　）飲みました」

など、まず助詞を抜いた文章を読み、次に助詞を入れて全文を復唱させ、最後に空いたところを子どもに言わせます。絵本の読み聞かせのとき、絵を指差して「桃太郎（　）犬（　）きびだんご（　）あげました」と、（　）部分の助詞を子どもに言わせると、遊び気分で楽しく取り組むことができるでしょう。助詞は理屈や法則よりも、まずは感覚的に使いこなせるようになることが大切です。

Step 1
Step 2
Step 3
Step 4
Step 5
Step 6

65 だれが何をした？

言語

子ども達が作文を苦手とする理由にはいくつかあります。まずは「何を書いたらよいのかわからない」というのは経験量の少なさから来るもの。そして、次に「どう書けばよいかわからない」という文章力や表現力のなさから来るもので、これは子ども自身の経験の少なさから来ています。

しかし、作文が苦手な理由はそれだけではありません。意外に多いのが、「どうやって文章を作ればよいかわからない」という、正しく文を構成する力が欠けている子どもなのです。

本書では、28（120ページ）などで何回か「短文作り」の取り組みを説明してきました。とても短いものとはいえ、**自分で言葉をつないで文章にする経験を積むことは、長い文章を構成する力の基礎を作ってくれます。**

ここまで段階を踏んで短文作りのやり方を説明してきましたが、Step5では、主語と述語の関係を踏まえた短文作りに取り組みます。

まず、左図のような横長の表を作ります。そして、横軸に「お父さん、お母さん、僕」などの主語、縦軸に「歩く」「走る」「寝る」「泣く」など述語を入れてください。この縦軸・横軸の組み合わせで文章を作ります。

表の任意の場所におはじきを置き、「じゃあ、〝僕〟と〝寝る〟でどんなお話ができる？」と促します。すると「僕は寝ました」と、ごく短い文章が返ってくるでしょう。そのとき、「どうして寝たのかな？」などと質問をしてください。すると、「疲れて寝ちゃったの」などと答えが返ってきます。そうしたら、再び「どうして疲れたの？」と聞きます。「たくさん遊んだから」と返ってきたら、「じゃあ、全部つなげてお話にしよう」と提案するのです。すると、「僕はたくさん遊んだから疲れてしまったので、お部屋のベッドで寝ました」という長い文章が作れます。

このように主語・述語を統合するだけではなく、さまざまな要素を組み合わせて長い文章を作る経験を積むことで、構成力と表現力を身につけていきましょう。

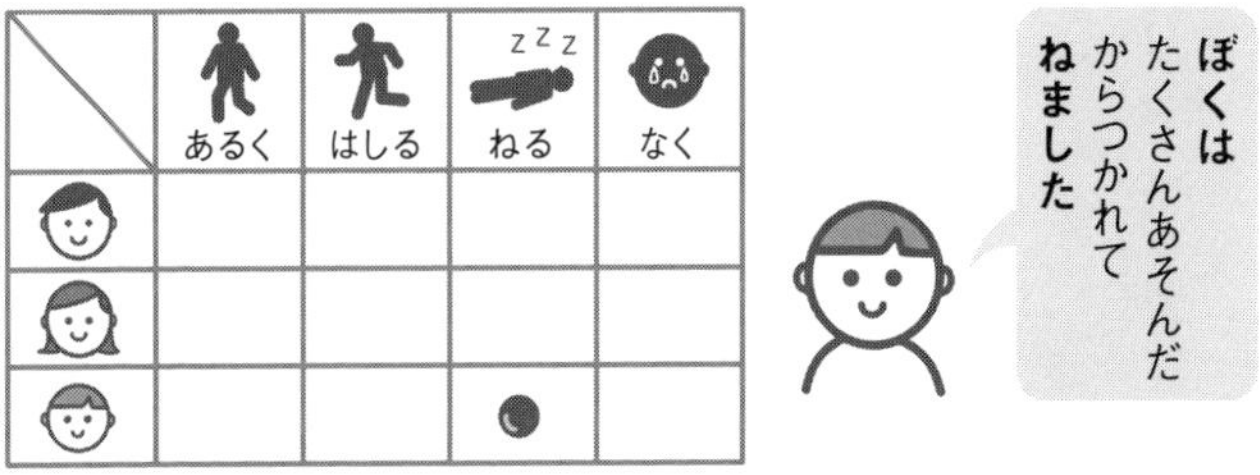
ぼくは たくさんあそんだ からつかれて ねました
あるく
はしる
ねる
なく
z z z

66 「観覧車」で遊ぼう

その他「推理」

53（166ページ）でも実践した「回転推理」の考え方を身につけるために取り入れて欲しいのが「観覧車」です。

左下図のような観覧車の絵を見せて、次のような質問をします。

「ウサギがネズミのところへ行くと、ネズミは今どの動物がいるところへ行きますか」。

「ウサギがネズミのところへ行くと、今ウサギがいるところにはどの動物が行きますか」。

一定方向に回る観覧車、乗っている動物の順番は変わらないという2つの条件を正確に把握した上で、質問の意味を理解し、「ウサギがネズミのところに行く」とはいくつ動くことなのか。すべての動物が同じ方向に同じ数だけ動いたとき、ネズミはいくつ動いてどの位置にいるか。

これらを総合的に考え、判断するのは幼児にとってとても難しいことです。特に、後者の問題では**観覧車は右回りをしているのに、答えを出すために左回りして数えなければなりません。**これが混乱のもとなのです。

これを避けるためには、実際に動かしてみることが欠かせません。観覧車のおもちゃがなかったらルーレットのようなもので代用しても構いませんので、観覧車（またはルーレット）が回る様子をじっくりと見せることから始めましょう。そして、「観覧車が回ると、乗っている動物も一緒に回る」「乗っている動物達は一斉に全員回る」ことを見せます。そして、最初の問題「ウサギがネズミのところへ行くと、ネズミは今どの動物がいるところへ行くか」を考えます。くり返しやってみて、「乗っている動物達は一斉に全員回る」ことが、「ウサギが2つ動いたらネズミも2つ動く」ことであると理解させます。

これが正確に理解できたら次の問題の「今ウサギがいるところにはどの動物が来るか」を考えさせましょう。この問題を解くには、「ウサギが1つ動くと、他の動物も1つ動く」ことと同時に「これから来る動物は、今はウサギの後ろにいる」ことを理解しなければなりません。そして「後ろにいるもの」を見つけるときは、観覧車の動きとは反対方向に数えることがわかれば、スムーズに解けるようになります。

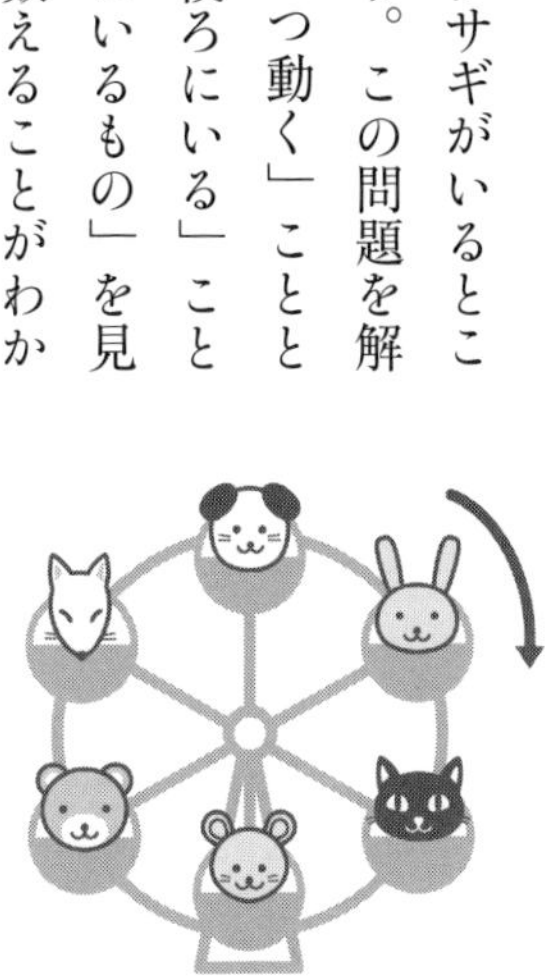

Step 1
Step 2
Step 3
Step 4
Step 5
Step 6

67 4つ、5つの重さ比べ

未測量

43「『シーソー』で比べよう」(148ページ)では、3つのものを重さ順に並べました。

シーソーを使って2つ以上のものの重さ比べをするやり方と同時に、3つのものが集まったら、「重い・中くらい・軽い」「大きい・中くらい・小さい」などの三者関係があることを理解するのが、シーソーを使った取り組みの大きな目的です。

これを応用して、四者関係、五者関係も解いてみましょう。

調べ方は三者関係と同じ。まず任意の2つの重さを比べたら、そのうちの重いほうと残りの任意の1つを比べ、最初に重さ比べをした2つのうち、軽いほうを残りの1つと比べます(左図参照)。このように何回かシーソーを使うことで、4つのものを重さ順に並べることができます。

このようにシーソーを何回か使って、**「常に1番重いものを探す」ことを基本にすれば、ものがいくつになっても重い順に並べることができます。**

とはいえ、比べる数が多くなればなるほど子どもは混乱しやすいので、わからなくなったら3個の比較からやり直すことも大切です。

複雑な取り組みですから、図やイラストなどペーパーに描かれたものだけで理解させようとしても無理というもの。**実際に自分でシーソー（てんびんなどでも構いません）を操作して、「どちらが重いか」をやらせること**がなにより重要です。ペーパーに取り組むのは、実際に操作して理解した後ということを、親がきちんと認識して進めるよう、心がけてください。

すると、順番のつけ方は「1番重い・2番目に重い・3番目に重い・4番目に重い」という表現になります。これが五者関係になると、「1番重い・2番目に重い（中略）5番目に重い」となり、大人として不自然さを感じてしまいます。それなら3番目あたりを「真ん中」として、「1番重い・2番目に重い・中くらい・2番目に軽い・1番軽い」にしたいと思うところでしょう。

しかし、子どもには混乱のもと。「重い順に並べよう」と聞いたなら、「1番重い・2番目に重い（中略）5番目に重い」が正解です。

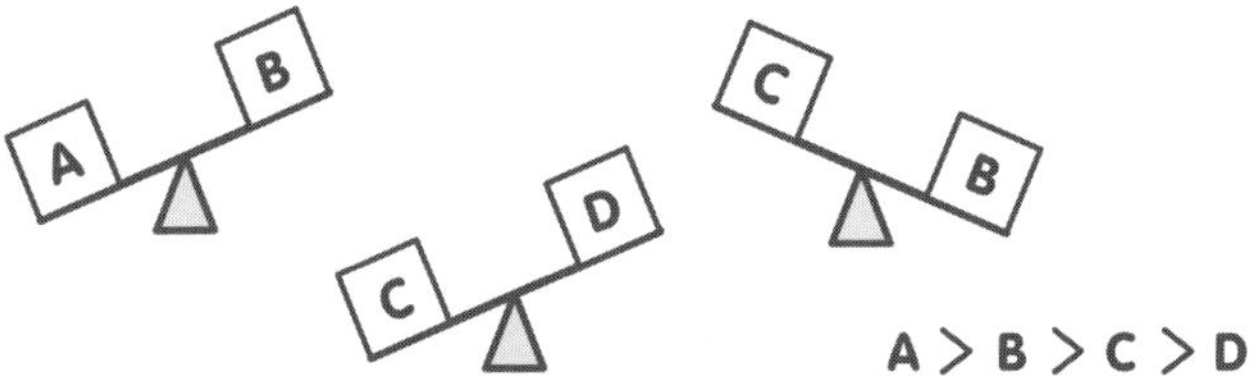

68 同じ重さにしてみよう

未測量

シーソーでできることは「重さ比べ」だけではありません。2つのものの重さが同じかどうかを調べたり、異なる重さのものに他のものを重ねて同じ重さにすることもできます。これを「重さのつりあい」と言います。

シーソーを使って「重さのつりあい」を実践するには、「同じ重さになるもの」をいくつか用意する必要があります。見た目の大きさは同じもので重さが違うものが理想的なのですが、なければ小さな箱（マッチ箱くらいのもの）をいくつか揃え、中に粘土などを入れて重さを調節して、「重さが同じもの」と、「重さが半分のもの」「重さが6分の1のもの」を作るとよいでしょう。さらに、それぞれの重さ別に色分けしておくと、説明がしやすくなります。

まず、同じ重さのものをシーソーにのせたら、シーソーが平らになっている状態を見せて、「シーソーが傾かない＝重さが同じ」ということを確認した上で、「つりあっている」ことを教えます。

次に、片方に半分の重さのものを2つのせて、「つりあっている状態」を見せ、その意味を考えましょう。

「〝半分の重さのもの2つ〟は1つとつりあう」ことを理解したら、さまざまな重さのものを使った組み合わせで「重さのつりあい」を経験します。

参考までに、「1」の重さをAとし、「2分の1」をB、「6分の1」をCとして、重りを使った問題をご紹介しましょう。

・A1つとB2つがつりあい、B1つとC3つがつりあうとき、A1つはCいくつでつりあう？
・B3つとつりあうには、AとCがいくつずつ必要？

「重さのつりあい」は、わり算・かけ算の基本を理解することにつながります。正確な重さのものを用意しなければつりあわないので、本書で紹介するさまざまな取り組みの中でも準備が大変な部類になりますが、子どもの好奇心を大いに刺激してくれる実験です。

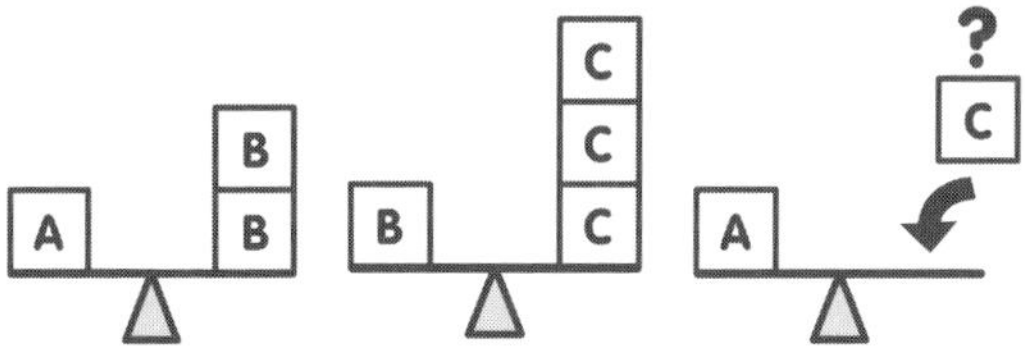

69

言われたとおりに行けるかな？

位置表象

地図が苦手な人に、地図が読めない理由を聞くと「左右がわからなくなる」と言います。地図上を移動する視点と地図を読む自分の視点が逆になると、左右関係に混乱が生まれ、わからなくなってしまうのがその理由です。

自分がいる場所から視点を変え、その上で左右関係を正確に把握できるようになるための練習を、幼児期から始めましょう。

まずは7×7の方眼を使い、指示どおりに動く練習をします。おはじきを用意し、「上から3番目、右から4番目に置いてください」などと指示し、基準の位置を決めます。それから、「下に2つ、左に3つ動いて」「そこから上に1つ、右に2つ、下に3つ動いて」などと指示し、そのとおりにおはじきを動かしていきます。

これは「自分の位置を把握した上で正確に移動する」だけではなく、「出された指示をきちんと聞き取り、正確に記憶し、そのとおりに行動する」と、記憶力も養う効果があります。

続いて、左図のような地図を使用して、指示通りに動く練習をします。これも最初に基準となるスタート位置を決めます。

そして、「まっすぐ進んで」「最初の交差点を右に曲がって」「次の交差点を左に曲がって」と指示を出していきましょう。地図上の移動では、「地図の上を動く視点と地図を見ている自分の視点」が異なるため、左右関係が混乱しやすくなります。最初から迷わずに進めることは難しいので、慣れないうちは1つの交差点を使って、4つの方向から入ってから曲がる練習をするとよいでしょう。

地図上の移動を練習するときはミニカーや人形などを使って実際に地図の上で動かすと、「視点の変化」を理解しやすくなります。慣れてきたらミニカーを使うのはやめ、色鉛筆などで道をたどるようにするとよいでしょう。また、「次の交差点を右に、その次を左に」という指示の出し方では混乱してわからなくなってしまうようなら、地図上にポストや家、木などのマークを描き入れ、わからなくなったときに「ウサギさんの家のところだよ」などと言葉をかけられるようにしておくと、よりわかりやすくなります。

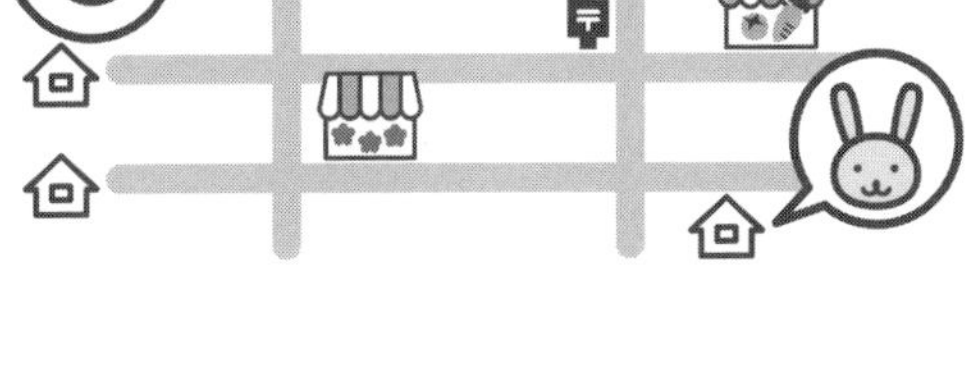

70 重ねてみたら、どんな形？

図形

くり返し述べてきましたが、基本図形とは「丸・三角・ま四角・長四角・ひし形」です。

好きな図形を透明なシートなどに描いて重ねると、それぞれの図形が持つ特徴が表れて新しい形ができます。それが「重ね図形」です。

丸の中に四角があったり、四角の中に三角があったりと、国旗を思わせるような柄になるこの「重ね図形」を見て、元の図形が何だったのかを考えたり、いくつかの図形を重ねて柄を作ったりと、子どもにとっては新鮮な驚きがあり、楽しく実践できる取り組みです。

まず、「四角の中に、丸があります」などと言いながら正方形と丸を重ねた形（A）と、正方形とひし形を重ねた形（B）を描いてみせます。それから、「これとこれを重ねたら、どんな形になる？」と聞きます。子どもは頭の中で2つの図形を重ね、でき上がりを想像して絵にします。

反対に、「重ね図形」を見せ、「これはどんな形とどんな形でできている？」と聞いてもよいでしょう。

もし可能なら、実際に正方形や正三角形、丸などさまざまな図形を描いた透明のシートなどを用意し、重ねて見せるとよりわかりやすく、子どもも楽しめるでしょう。

重ねる図形の数を3つ、4つと増やしていくと難易度が上がるので、2つの重ね図形がスムーズに解けるようになったら挑戦させるのがおすすめです。

また、このような形は店や企業のトレードマーク、国旗などにも使われています。生活の中で重ね図形を見つけたら、「これは何と何の形からできている?」と聞くようにするとよいでしょう。

重ね図形を作ったり分解することは、形の特徴をとらえ、頭の中で正確にイメージする力が必要になります。また、でき上がりを予想して描くことにより、図形を正確に表す練習にもなります。

重ね図形を何度もくり返すうちに図形に強くなるだけではなく、想像力も豊かになりますので、さまざまな図形で試してください。

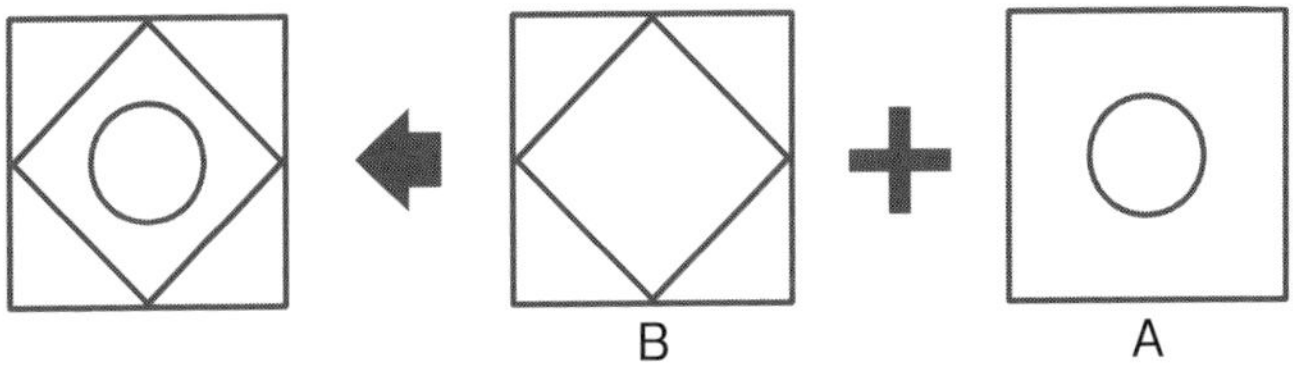

71 折って切って、形を作ろう

図形

59「折って、切ったらどんな形？」（178ページ）では、折り紙を半分に折ってから好きな形を切り抜き、開いたときにどんな形ができるのかを体験させました。この取り組みではどんな形ができ上がるのか、切り抜いた形を開くまではわからず、「こんな形になった！」という新鮮な驚きがありました。

この発展形としてやらせたいのが、「完成図を想定して、折った紙を切り抜く」という、逆の取り組みです。

たとえば、正三角形の絵を見せて、「折って切って、この三角を作ってみよう」と促すのです。花瓶やチューリップなど、身近な形を使っても構いません。

半分に折った状態から切り抜き、目的の形を完成させるのですが、これができるようになるには、59の取り組みを何度もやり、「折って切ったら、同じ形が2つになる」ことを経験させることが大切です。

それと同時に、完成図を画用紙などに大きく描き、その中央に鏡を立て、「半分のところに鏡を立てると、〝形〟ができ上がる」ことを経験させるのもよいでしょう。

半分に折るとぴったり重なる図形、すなわち〝線対称〟になる図形のことを「対称図形《たいしょうずけい》」と言います。図形の学習が始まってから初めて出合うと混乱してわからなくなってしまいがちですが、幼児のときに遊びを通して学んでおけば、**「折り紙を半分に折ってから切り抜いた、あの遊びだ」と実体験と結びつけることができます**。また、さまざまな絵の中心線に鏡を置いて遊んだことがあれば、「線対称」の問題はその子にとってとても身近でわかりやすい問題へと変わります

このように、幼児期の経験は、学校に入って本格的な勉強が始まる前の種まきのようなもの。できるだけ多くの経験を積ませ、勉強で迷わない下地を作っておきましょう。

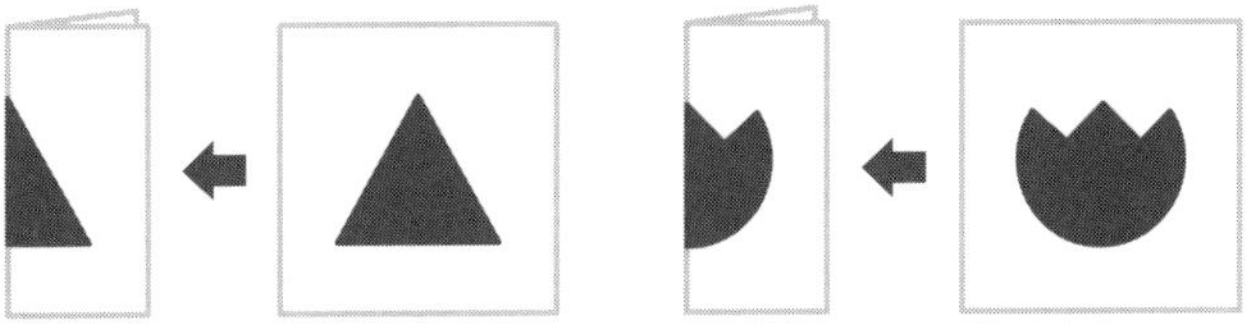

72 増えたり減ったり…いくつになった？

数

小学校に入学すると「数」の取り組みは「1＋1＝2」という数式の世界に入ります。本書での「数」は、おはじきなどを自分で動かして増減することによって、足し算や引き算の基礎を身につけることを中心にしています。最終ステップでは、より足し算・引き算に密着してみましょう。

幼児期は「3＋4はいくつ？」などの数式に入る前の段階ということができます。この時期は**数式を解くやり方を教えるのではなく、お話を聞かせて、中に出てくる数を頭の中で操作し、考えさせること**を主な目的とします。

この段階になると、単に「りんごが2個ありました。お母さんが3個買ってきました。全部で合わせていくつでしょう」という、2＋3の簡単な足し算の問題ではなく、もう少し複雑なお話にします。

「バスにお客さんが5人乗っていました。次のバス停で2人のお客さんが乗ってきました。ところが、その次のバス停では3人降りてしまいました。さて、今バスには何人のお客さんが乗っているでしょう」。

このように、足し算と引き算を合わせたお話を聞かせ、頭の中で数の増減をイメージさせるのです。

とはいえ、最初から数をイメージするのは難しく、混乱してしまう子どももいることでしょう。そうしたときは、「バスに乗っているお客さん」に見立てて皿などに5個のおはじきをのせます。そして、「2人乗った」でおはじきを2個追加し、「3人降りた」で3個取り去る、という操作をやらせた上で「何個になった？」と聞きます。

このように、最初のうちは具体物を使って操作させることをくり返し、「数が増えたり減ったり」に混乱しなくなってきたら、「じゃあ、何も使わないでやってみようか」と促してみましょう。もし戸惑っているようなら、「頭の中でおはじきを動かしてごらん」と言い添えるとよいでしょう。

このように、頭の中でイメージした数を操作して増減させることは、足し算や引き算の基礎を作るだけではなく、暗算の練習にもなります。

「5個あるお菓子を3個食べ、新しく4個もらった」など、イメージしやすいような生活に密着したお話を作ってあげることも、理解を進める大事なポイントです。

Step 1　Step 2　Step 3　Step 4　Step 5　Step 6

73 「サイコロ」で遊ぼう

数

サイコロは遊び道具であると同時に、「数」の学習ができる身近な教材です。

サイコロで数の学習となると、2個を使った足し算が思い浮かぶかもしれませんが、その前に取り入れてほしいのが、**ある数字に対して「あといくつ足すと7になる?」を問う「7の構成」**です。

サイコロは出た目と反対側の目を足すと必ず7になるという約束があります。これを活用し、サイコロを振って数を出し、ひっくり返した数を見せて「合わせていくつ?」をやらせましょう。どの数で試しても「7」になるという発見は、子どもにとって驚きです。

「7の構成」に慣れたら、サイコロを振って出た目に対し、「あといくつで10になる?」と10の構成も始めます。

それができたら、2つのサイコロを振って「合わせていくつ?」「2つの数の違いはいくつ?」など、さまざまな数の練習をしてみましょう。

Step 1
Step 2
Step 3
Step 4
Step 5
Step 6

74 「数のトンネル」をくぐろう

数

数の増減に慣れてきたら、「トンネルくぐり」という、足し算・引き算の遊びをやってみましょう。

○、△、□、◇を「トンネル」に見立てて、「ここを数がくぐる」とイメージさせたら、それぞれのトンネルにルールを設けます。

・○のトンネルを通ると数が１増える。
・△のトンネルを通ると数が２増える。
・□のトンネルを通ると数が１減る。
・◇のトンネルを通ると数が２減る。

これを理解した上でサイコロを振って出た数字がトンネルをくぐるといくつになるかを考えさせます。

はじめは「△のトンネルを３がくぐります」と１つのトンネルでよいのですが、慣れてきたら「○→◇→△→□」など、つながったトンネルをくぐるといくつになるかを考えさせましょう。

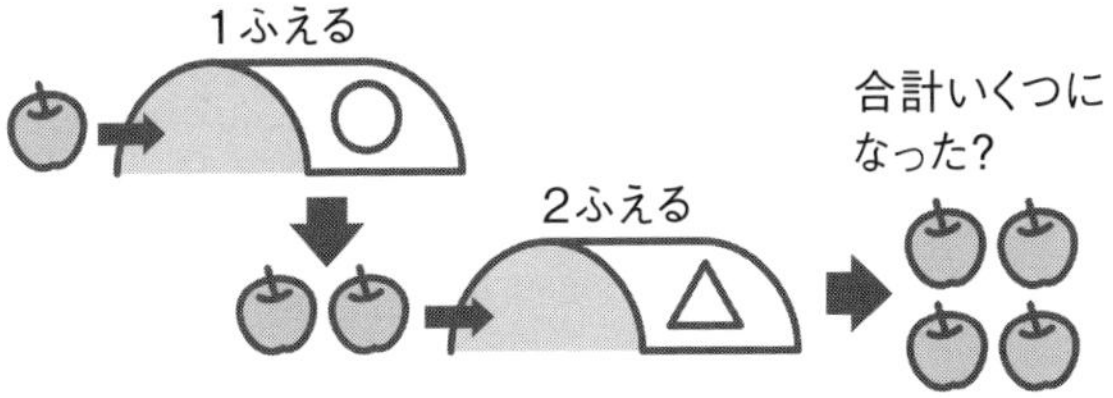

75 お話を絵にしよう

言語

国語学習の基礎として幼児期に大切なものは、「聞く力」と「話す力」だということは、本書でもくり返し述べてきました。

こぐま会では言語の取り組みの最終ステップとして、「お話と絵を結びつける」ということをやっています。これは、聞いたお話に合う絵を数枚の中から選んだり、起承転結に合わせた4枚の絵をお話の順番に並べ直したり、または与えられた絵の中からお話に合わない要素に×をつけたり、あるいは足りない要素を書き加えたりと、さまざまなやり方を行っています。

「聞いた話を絵で表現する」ため、最終的には聞いたお話の一場面を絵に描いて、それを見ながらお話を再現することもさせています。これは話をきちんと聞いて内容を正確に理解する力だけでなく、細部まで記憶して再現する力、絵にして表現する力が問われるため、なかなか難しい取り組みです。

ご家庭で取り入れる場合は、絵本や絵画を使って「お話づくり」をしてみるとよいでしょう。文字のない絵本を使うのもいいですし、生活の一場面や人間や動物が何かをしている場面を描いた絵を使って「お話を作ってみて」としてもよいでしょう。

また、お話を聞かせた後、「どんなところが好きだった？」「絵に描いてみようか」と促して描かせてみるのもよい取り組みです。

絵を見てお話を作ったり、あるいは聞いたお話の中から印象的なシーンを絵にする「お話の絵画化」は、子どもの想像力をかきたて、創造性を高める上に、家庭でも簡単にできる取り組みですので、積極的に取り入れて欲しいと思います。ただ、その際は子どもの描いたものに対して「違う！」「こんな場面なかったでしょ」などと否定的な言葉を決して使わないことです。お話に登場しないシーンや人物や動物が書き込まれているときは、必ず意味があります。「この子はお話に出てこなかったけど、誰？」「ここで何をしているの？」などと聞いてみると、「この子は主人公の友達で、楽しそうだから一緒に遊びたくてやってきた」など、子どもの中で新しいストーリーが展開していることがわかるものです。**「お話づくり」や「お話の絵画化」には、思ってもみない子どもの創造性に出合えるチャンス**でもあります。親自身も子どもの隠された優しい性格に気づいたりと、意外な一面に出合えた喜びを味わえるに違いありません。この取り組みを通して、子育ての楽しさを改めて実感してください。

コラム ❹

体験と動詞

豊かな表現力を育むために

言葉の学習では、「よりたくさんの“ものの名前（名詞）”を覚えること」に意識が向かいがちです。しかし、名詞をたくさん知っていても気持ちや考えを伝えたり、状況を正確に説明するときに必要な表現力が磨かれるわけではありません。

豊かな表現力を身につけるために必要なのは、「形容詞」や「動詞」、「副詞」。

「名詞」は絵本やテレビを見ることで覚えていくことができますが、泳いだことがなければ「泳ぐ」という言葉を理解できないのと同じように、「動詞」は体験しないと身についていきません。そして、さまざまな気持ちを経験しないと「形容詞」や「副詞」を理解することはできません。

「バスに乗ろう」ではなく「新しいバスに乗ろう」と言うとワクワクしてきますし、「行こう」だけではなく「ゆっくり行こう」と言うと、なんだかホッとします。

このように、体を通じて、あるいは心が動いた経験によって獲得した言葉は決して忘れません。体や心を通して言葉を獲得できるよう、幼児期にさまざまな経験をすることは、とても大切なことなのです。

第5章

幼児教育は家族一丸となって

幼児教育とは、なんでしょう？

幼児教育、早期教育という言葉から何を連想するかという問いがあったら、まず多くの人が「お受験」と答えるのではないでしょうか。小さな子どもに勉強させる必要があるのは、小学校受験をする家庭だけで、それ以外は勉強の必要はなく、小学校に入るまで子どもらしく楽しく過ごしているほうがいい、という考えを持つ方は多いように思えます。

しかし、**幼児教育は決して小学校受験のためにあるものではありません**。子どもが年齢相応の考え方を身につけ、よりよく生きるための下地を作るものであり、小学校に入ってからの集団生活になじみ、ルールを守り、授業を聞いて理解する力をつけるためのものなのです。

何もできなかった新生児の頃からやがて歩いたり走ったりすることができるようになるなど、子どもは日々その子なりの小さな段階を踏んで、少しずつ発達していきます。

知能も同様です。泣くことでしか自分の意思を伝える方法がなかった時期から比べれば、自分の気持ちを言葉にできるようになったり、おもちゃやお菓子などを数えられるようになったりと、少しずつ賢くなっていくことを実感している方も多いことでしょう。子どもの知能は、はっきりと目には見えなくても日々伸びていきます。幼児教育は本来、**子どもに意識的に働きかけることで、伸びていく知能に手を添え、方向を示すもの**といえるのではないでしょうか。

たとえば子どもが積み木やミニカーを並べて遊ぶのは、よくある光景でしょう。そのとき、「色別に仲間を作ってみようか」「5つずつの列を作ってみよう」「重ねたらどんな形になるかな?」「こんな形にしてみよう」など、親が意識的に言葉をかけるだけでも、単なる遊びが「分類」「数」「図形」など、さまざまな取り組みに変化します。たったこれだけのことが、とても優れた幼児教育になっていることは、もはや言うまでもありません。

「教育」というと、多くの人は思わず構えてしまうものです。よい指導者のいる塾に通わなければ、よいテキストを購入しなければと思い込んだり、あるいは「勉強の時間」を設けて、その時間だけはいつもの優しいお母さんではなく、厳しい先生となってしっかり教えなければと力が入ってしまいがちです。

しかし、先の例でも明らかなように、子どもを賢くする取り組みは、**日常のささいなことに対して親が意識的に働きかけ、子どもにやらせること**が重要なのです。

なにより親が幼児教育に対する正しい感覚を持って意識的になること。それが子どもを伸ばす第一の秘訣といえます。

幼児教育に必要なのは家族全員の協力

本書で紹介した通り、幼児教育とは特別なテキストや道具が必要なものばかりではなく、家庭でできることがとても多いものです。ただ、親が意識的に働きかけることが重要で、子どもが1人でできるものではありません。幼児教育の決め手は家庭であり、親なのです。しかしながら、親が熱心になり過ぎてしまう害もあることを、忘れてはなりません。くり返し説明してきましたが、幼い子どもは段階を踏んで発達していくもので、突然何かができるようになることはまれです。つまり、何かを教えたときにわからなかったりできないときは、前段階の学習が理解できていない証拠でもあるのです。そうしたときは、理解できているところまで**後戻りしてやり直し、きちんと理解させてから確実に進んでいく**ことが必要です。

しかし、親は「なぜできないの？」「この間やったでしょう？」と責めるような口調になってしまうことがよくあるのです。「また前に戻らなくちゃ！」とキツい言い方になってしまう。これを子どもが敏感に感じ取ると萎縮したり、理解していないのにわかったふりをするなど、よいことはひとつもありません。ひどくなると、ささいなことにもビクビクしたり、常に大人の顔色を窺うようになったり、突然ヒステリーを起こすなど、深刻な状態になる子どもさえいます。こうなってしまうと幼児教育どころではありません。

こうなる前に必要なのは、何より感情的にならないこと。しかしこれは言うほど容易いことではありません。特に子どもと接している時間が長い母親は、熱心になり過ぎて感情的になる傾向があります。こうしたとき頼りになるのが、父親の存在。感情的になってしまいがちな気持ちをなだめたり、方向を誤っているときに軌道修正することができるのは、父親です。また、子どもを外に連れ出して自然の中で思い切り遊ばせるのも父親がよいでしょう。

離れて暮らしているなどの事情により、父親が母親のサポートができない場合は、ほかの家族の力が必要です。子どもに対して感情的になってしまったときに祖父母や親戚に相談したり、子どもをどこかへ連れ出してもらうことは、母親だけでなく子どもにとってもとても大きな影響があります。

1人で子どもを育てることはできません。同様に、1人で子どもを教育することもできません。幼児教育は家族が一丸となって取り組むことで、さらによい結果を生み出すことができるのです。

子どもの「生きる力」を育む

ここ数年、さまざまな場面で「生きる力」という言葉が使われるようになってきました。しかし、頻繁に使われるようになったものの、「生きる力とはなんですか?」という質問をされたとき、すぐに明確な答えを出せる人は少ないのではないでしょうか。

さらにそれが「子どもの生きる力」となると、なおさら答えは難しくなります。

まだ子どもですから、経済力は問わないとしても、年齢に応じて自分のことは自分でできるという自立心は必要です。特に幼い頃は親がなんでも手を出してしまいがちですが、**「自分で!」と主張する時期になったらどんどんやらせるようにし、**食器を運ぶなど簡単なことからでも、親の手伝いをさせることが必要です。

子どもの生きる力を養うことができるのは、家庭の中だけではありません。むしろ、幼稚園や公園などで毎日のように遊んでいる友達との関係から、子どもは多くのことを学んでいき、それが生きる力につながっていくものです。

まずは人の気持ちを理解すること、その上で自分の気持ちを相手に伝えること。この両方がうまくできることは、とても大切なことです。友達の気持ちを無視して自己主張し過ぎて敬遠されてしまうこともあれば、自己主張の強い友達に振り回されて言いなりになることもあり、幼いとはいえ子どもの人間関係は難しいものがあります。

特に少子化の時代は兄や姉に我慢させられることもなければ、弟や妹のために我慢する経験も持たず、なんでも自分の思い通りになるという感覚がしみ込んでいる子どもが多くいます。その中で思い通りにならない友達の出現は、子どもにとって初めての試練といえるかもしれません。しかし、この試練を越えてこそ、コミュニケーション力という生きるための大きな武器を手に入れることができるのです。

親の立場からも同じことがいえます。特にひとりっ子の親は、ささいなことで子ども同士がけんかすることに慣れていません。公園や幼稚園で我が子が友達とぶつかり合ったり泣かされたりしていると、いてもたってもいられなくなってしまうことがあるでしょう。気持ちは理解できますが、そこで決して子どもの間に割って入ってはいけません。もちろん、怪我をしそうな場面は別ですが、それ以外は「ぶつかり合いながら人間関係を学んでいる」と思って見守ることが必要です。

親が過剰に入っていくと、子どもの生きる力は芽を出さないままになってしまいます。ときには忍耐するのが、親の役目なのです。

賢い母でいるために

小学校に入学する前の子どもにとって最良の教師は親であり、最良の教室は家庭です。今の時代、両親ともに仕事を持っているのはもはや当たり前ですし、子どものためになかなか時間が取れないのも、よくあることです。

しかし、「仕事で忙しく、時間が取れないから」といって、子どもの教育を塾や幼児教室などに任せきりというのは、いかがでしょうか。

確かに両親共に仕事をしていて、子どもは夜の6時まで保育園にいるという生活では、毎日おやつを食べながらお菓子の数を人数分わけたり、ポットを置いて四方から絵を描いてみたり…という取り組みはできないかもしれません。

しかし、帰宅した後に夕飯のしたくをしながら「10個あるから、お父さんに4個入れて、あとはお母さんとあなたで半分ずつにして」と数の取り組みをすることもできますし、一緒に入浴しながら「3つのコップに同じ量だけお湯を入れよう」と未測量の取り組みもできます。そこまでできなくても、寝る前に読み聞かせはできることでしょう。そして、休みの日には家族揃って自然に触れ合う遊びもできます。

このように、「できないからプロに任せる」と割り切るのではなく、**自分ができる最良のことを考え、実践することが**必要なのではないでしょうか。

「賢い母」という言葉から浮かぶイメージはさまざまです。子どもにつきっきりで指導できる優秀な家庭教師のような母親を思い浮かべる人もいるかもしれませんし、高学歴で社会的地位もあり、子どもに最高の教育を与えるために出費を惜しまないビジネスウーマンを思い浮かべる人もいるかもしれません。

しかし、大切なことは他人の意見に惑わされず、かといって思い込みに固執せず、よい意見は取り入れる柔軟性を持ち、自分ができることを迷わずに続けることではないでしょうか。

情報過多の現在、「この方法なら子どもはぐんぐん伸びる」という情報が巷にあふれています。しかし、それにいちいち惑わされてはいけません。なぜならそれは「このままでは子どもは落ちこぼれになる」というプレッシャーと表裏一体だからです。

他に代わりのいない我が子のこと、どんなに甘い言葉を聞いても、またどんなプレッシャーをかけられても、**家族と一緒に考え、「我が家の方針」を決めたら迷わないこと。**それが真の「賢い母親像」ではないでしょうか。

おわりに

今の時代、「子育てがしやすい」と言える方はどのくらいいるのでしょうか。

確かに医療や自治体のサポートなど、さまざまな制度が整っているうえに暮らしも便利になったので、昔よりは「子育てがしやすい」と言えるかもしれません。

しかしその一方で、少子化により子どもの数が減ったため、近隣で同年代の子どもと遊べない、核家族化が進んだため、昔ながらの子育ての知恵が伝承されない、母親が子どもに密着して子育てせざるを得ないなど、昔にはなかったさまざまな問題が表れるようになり、「子育てしにくい」現状を招いています。

こうした中で、「子どもをきちんと育てたい」「子どもが豊かな未来を迎えられるように、できる限りのことをしたい」と考える親の気持ちは、尊いものがあります。その想いに、敬意を表します。

そんな親の気持ちを見透かすように、「子どものため」を謳ったさまざまなものが、世の中に満ちているのを感じます。

その大半が子どもの教育に関するもので、「小学校に上がる前に」「幼稚園に入る前に」と、あたかも少しでも遅れたら、取り返しのつかないことになるような言葉を交えつつ、少しでも早く教科学習を始めることをすすめています。

これに、不安を感じない親は少ないことでしょう。

そして、無闇に「通信教育」や「教材」を買うことになってしまうのです。

巻頭でも述べた通り、私は長く幼児教育に携わってまいりました。

その中で強く感じているのは、「子どもは、発達のスピードは違っても、必ず同じ過程を踏んで成長してく」ということと、「子どもの考える力を伸ばすためには、生活の中で体験をしていることを学びの基礎におく」ということです。

その意味で、子どもの力を伸ばす幼児期の基礎教育は、特別な方法や、特殊な教具を使った教育ではなく、生活に根差した学習であるべきです。

子どもを伸ばすチャンスは、すべて生活の中にあります。あとは、周りの大人の働きかけ如何ということです。

そのすべてを、本書に詰め込みました。ぜひ、毎日の生活の中で、そして親子の触れ合いや遊びの中に取り入れていただきたいと思います。

子どもを伸ばそうとするとき、ぜひ心がけていただきたいのは、「ちょっとだけ難しい課題に取り組ませる」ということです。

簡単にできることはすぐ飽きてしまいます。がんばってもがんばっても手が届かず、できないことが続くと、やる気を失ってしまいます。

ちょっと難しいかもしれないけれど、背伸びして手を伸ばせばきっと届く。

その微妙な線を見極めることは、親にしかできません。

少しレベルを上げてみて、できなかったらまた少し下げてやらせる。それをくり返して少しずつ上に伸びていくようにする。

子どもの成長は、そのくり返しです。

本書を通じて、読者の皆さんが日々の生活の中で、自信を持ってお子さんの成長を手助けできるようになれば、これほど嬉しいことはありません。

そして、自分で考え、自分で行動できる「自立した子ども」に育つことを願ってやみません。

平成二十六年一月吉日

久野泰可

久野泰可（くの・やすよし）
1948年静岡生まれ。横浜国立大学教育学科卒業。1972年現代教育科学研究所に勤務。1983年幼児教育実践研究所「こぐま会」の室長を経て、1986年代表に就任。教育者として常に現場に身を置きながら、国内外で講演を行う。40年に及ぶ教室での実践を通して「ひとりでとっくん」100冊シリーズや、多くの具体物教材・教具を開発。幼児の発達段階をふまえた独自のカリキュラム「KUNOメソッド」は、中国、韓国、ベトナム、インド、タイ、シンガポールなど、海外の幼稚園・教室でも導入されている。2012年「KUNOメソッド」を更に広めるべく、幻冬舎と共同でブランド「100てんキッズ」を立ち上げ、商品を開発。2016年3月より、公開オンライン講座サイト「gacco（ガッコ）」にて、全30回の講座を開講。著書に『間違いだらけのお受験』『3歳からの「考える力」教育』（ともに講談社）など。

こぐま会
幼小一貫教育の理念に基づいて、幼児・小学生を対象に、それぞれの年齢にふさわしい基礎教育のあり方を追究し、実践している幼児教室。幼稚園受験や小学校受験といった現実的な課題にも対処し、大きな成果を上げている。1983年設立。http://www.kogumakai.co.jp/

100てんキッズ
「すべての子どもたちに、質の高い教育を提供する」ことを目的に、こぐま会と幻冬舎が共同で立ち上げたブランド。幼児期に身につけておきたい考える力の基礎を、発達段階に応じて、家庭で無理なく取り組める教材・教具を開発している。

装　丁　文平銀座（寄藤文平＋吉田考宏）
本文デザイン・図版　matt's work（松好那名）
編集協力　堀田康子

子どもが賢くなる75の方法

2014年1月30日　第1刷発行
2017年2月28日　第3刷発行

著　者　久野泰可
発行人　見城　徹
編集人　中村晃一
発行所　株式会社 幻冬舎
〒151-0051　東京都渋谷区千駄ヶ谷4-9-7
電話　03（5411）6215（編集）
電話　03（5411）6222（営業）
振替　00120-8-767643
印刷・製本所　株式会社光邦

ISBN978-4-344-97764-8　C0037　振替 00120-8-767643　検印廃止

ホームページアドレス　http://www.gentosha-edu.co.jp/
この本に関するご意見・ご感想をメールでお寄せいただく場合は、info@gentosha-edu.co.jp まで。